Das vegetarische Studentenkochbuch

vegetarischer Genuss für mehr Energie im Studium

100 Gerichte für vollen Fokus und regelmäßige Mahlzeiten

Inklusive Wochenplaner

1. Auflage

WirmachenDruck.de
Sie sparen, wir drucken!

Vegetarischer Genuss für mehr Energie im Studium

Das Studium ist ein Abenteuer. Es ist eine Zeit voller neuer Menschen, einer neuen Umgebung und vieler aufregender Erfahrungen. Der Weg zum Studium kann jedoch sowohl Herausforderungen, als auch Chancen mit sich bringen - insbesondere, wenn es um Lebensmittel geht.

Sicher, es ist möglicherweise eine Menge Brot, Nudeln und Reis verfügbar, aber es kann schwierig sein, eine vollwertige Mahlzeit mit den Zutaten zuzubereiten, die du nur bei dir in der Küche findest - besonders, wenn dein Budget etwas knapp ist.

Glücklicherweise findest du in diesem Buch 100 einfache vegetarische Rezepte, die nicht nur gesund, sondern auch abwechslungsreich sind.

Vielleicht möchtest du deinen Tag mit einem köstlichen Apfel-Zimt-Muffin oder mit leckeren Pfannkuchen beginnen, zu Mittag leckere Sandwiches essen oder am Abend vegetarische Lasagne genießen.

Um deinen Körper täglich mit genug Energie zu versorgen, ist es äußerst wichtig die richtigen Lebensmittel auszuwählen. Eine bewusste Ernährung gibt dir mehr Energie und diese verhilft dir zu einem besseren Lernerfolg.

Eine Ernährung mit hohem Fleischanteil führt zwangsläufig dazu, dass du träge wirst. Daher konzentriert sich dieses Buch ausschließlich auf super leckere sowie vegetarische Rezepte, die dir im Alltag genug Energie liefern.

Also worauf wartest du? Los geht's!

Inhaltsverzeichnis

MEIN WOCHENPLANER

WOCHE:

	FRÜHSTÜCK	MITTAGESSEN	ABENDESSEN	SNACKS
MO				
DI				
MI				
DO				
FR				
SA				
SO				

EINKAUFSLISTE

Vegetarisches Frühstück

Einfacher Bagel mit Frischkäse

Zubereitungszeit: 10 Min

Schwierigkeitsgrad: leicht

Zutatenliste für 2 Portionen:

1 Bagel (jeder Geschmack - Vollkorn ist am gesündesten), 2 Teelöffel Rosinen, 2 Teelöffel gehackte Walnüsse,2 Esslöffel normaler Frischkäse, 1⁄2 Teelöffel (oder nach Geschmack) gemahlener Zimt

Zubereitung:

1. Den Bagel halbieren und in einen Toaster geben.
2. Während der Bagel röstet, hacke die Rosinen.
3. Rosinen, Walnüsse und Frischkäse vermengen.
4. Den gemahlenen Zimt unterrühren.
5. Die Frischkäsemischung auf dem gerösteten Bagel verteilen.

Knoblauch-Käse-Toast

Zubereitungszeit: 20 Min

Schwierigkeitsgrad: leicht

Zutatenliste für 1 Portion:

2 Teelöffel Butter, 2 kleine Scheiben Roggenbrot, 1⁄4 Teelöffel Knoblauchpulver, 2 Esslöffel Ricotta

Zubereitung:

1. Die Butter auf dem Brot verteilen.

2. Mische das Knoblauchpulver mit dem Ricotta-Käse und verteile es auf dem Brot.

3. Im Ofen grillen, bis der Toast leicht gebräunt ist und der Käse weich ist (aber nicht vollständig geschmolzen ist).

4. Warm servieren.

Schnelle und einfache vegane Kekse

Zubereitungszeit: 20 Min

Schwierigkeitsgrad: leicht

Zutatenliste:

500 g Mehl, 1 Esslöffel Backpulver, 1/2 Teelöffel Zwiebelpulver, 1/2 Teelöffel Knoblauchpulver, 1/2 TL Salz, 5 Esslöffel vegane Margarine, 200 ml ungesüßte Sojamilch

Zubereitung:

1. Ofen auf 200 °C vorheizen.

2. Mehl, Backpulver, Zwiebelpulver, Knoblauchpulver und Salz in einer großen Schüssel vermengen.

3. Füge Margarine hinzu.

4. Mit einer Gabel die Margarine mit den trockenen Zutaten zerdrücken, bis sie bröckelig ist.

5. Füge Sojamilch hinzu und kombiniere, bis sich ein Teig bildet.

6. Einige Male auf einer bemehlten Oberfläche kneten und dann ausrollen.

7. In Runden schneiden.

8. Für 12-14 Minuten backen, bis die Spitzen leicht gebräunt sind.

Aprikosen-Apfelmus

Zubereitungszeit: 20 Min

Schwierigkeitsgrad: leicht

Zutatenliste für 4 Portionen:

6 Äpfel, 50 ml Wasser, 100 g getrocknete, gehackte Aprikosen, 4 gehackte Datteln, Zimt nach Geschmack

Zubereitung:

1. Äpfel schälen, entkernen und hacken.
2. Füge die Äpfel und Wasser zu einer großen Suppe oder einem Suppentopf hinzu und bringe es zum Kochen.
3. Zugedeckt 15 Minuten köcheln lassen, dabei gelegentlich umrühren.
4. Gehackte Aprikosen und Datteln dazugeben und weitere 10–15 Minuten köcheln lassen.
5. Mit einer großen Gabel zerdrücken, bis die gewünschte Konsistenz erreicht ist, oder abkühlen lassen und im Mixer glatt pürieren.
6. Nach Belieben mit Zimt bestreuen.

Hart gekochte Eier

Zubereitungszeit: 25 Min

Schwierigkeitsgrad: leicht

Zutatenliste für 2 Portionen:

2 Eier in beliebiger Größe

Zubereitung:

1. Lege die Eier in einen Topf und bedecke sie mit kaltem Wasser.
2. Den Topf mit dem Deckel abdecken und bei starker Hitze zum Kochen bringen.
3. Sobald das Wasser kocht, vom Herd nehmen.
4. Lasse die Eier 17–20 Minuten im heißen Wasser stehen.
5. Nimm die Eier aus dem Topf und gebe sie für mindestens 2 Minuten in eine mit kaltem Wasser gefüllte Schüssel.
6. Schäle die Eier und serviere sie ganz nach deinem Geschmack.

Weichgekochte Eier

Zubereitungszeit: 10 Min

Schwierigkeitsgrad: leicht

Zutatenliste für 2 Portionen:

2 Eier in beliebiger Größe

Zubereitung:

1. Fülle einen Topf mit ausreichend kaltem Wasser.
2. Das Wasser zum Kochen bringen.
3. Lege die Eier in den Topf und koche sie 3–5 Minuten lang.
4. Nimm die Eier aus dem Topf und lege sie in kaltes Wasser.
5. Schäle die Eier und serviere sie ganz nach deinem Geschmack.

Pochiertes Basisei

Zubereitungszeit: 10 Min

Schwierigkeitsgrad: leicht

Zutatenliste für 2 Portionen:

2 Eier in beliebiger Größe

Zubereitung:

1. In einem mittelgroßen Topf Wasser zum Kochen bringen.
2. Füge das Salz hinzu, damit das Wasser schneller kocht.
3. Während du darauf wartest, dass das Wasser kocht, breche jedes Ei in eine eigene kleine Schüssel.
4. Wenn das Wasser kocht, dreh die Hitze etwas herunter, bis es gerade eben noch kocht.
5. Schiebe die Eier vorsichtig in das kochende Wasser und koche sie 3-5 Minuten lang, je nachdem, wie fest du das Eigelb haben möchtest.
6. Entferne die Eier mit einem geschlitzten Löffel und lasse überschüssiges Wasser in den Topf abtropfen.

Perfektes Rührei

Zubereitungszeit: 15 Min

Schwierigkeitsgrad: leicht

Zutatenliste für 1 Portionen:

2 Eier, 2 Esslöffel Milch, Salz und Pfeffer nach Belieben, Paprika nach Geschmack, 1 Esslöffel Butter

Zubereitung:

1. Die Eier in eine kleine Schüssel geben.
2. Füge die Milch, Salz, Pfeffer und Paprika hinzu.
3. Schlage die Eier, bis sie eine gleichmäßige Farbe haben.
4. In einer kleinen Pfanne die Butter bei schwacher Hitze schmelzen.
5. Erhöhe die Hitze auf mittlere Stufe und füge die Eier hinzu.
6. Koche die Eier mit einem Spachtel, um von Zeit zu Zeit Teile des Eies zu wenden, so dass das ungekochte Ei darunter fließt.
7. Die besten Ergebnisse erzielst du, wenn du die Rühreier aus der Pfanne nimmst, wenn sie fest, aber noch etwas feucht sind (ca. 6–8 Minuten).

Eggs Benedict

Zubereitungszeit: 15 Min

Schwierigkeitsgrad: leicht

Zutatenliste für 1 Portionen:

1 englischer Muffin, 1 Esslöffel Butter, 2 Esslöffel Joghurt, 1 Teelöffel zubereiteter Senf, 1 Pochiertes Basisei (siehe Rezept in diesem Kapitel)

Zubereitung:

1. Den englischen Muffin in zwei Hälften teilen.

2. Toast und beide Hälften mit Butter bestreichen.

3. Joghurt und Senf vermengen.

4. Verteile die Joghurt-Senf-Mischung auf einer Muffinhälfte und lege das pochierte Ei auf die andere Hälfte.

Miso Eggs Benedict

Zubereitungszeit: 15 Min

Schwierigkeitsgrad: leicht

Zutatenliste für 4 Portionen:

3 Esslöffel weißer Essig, 1 Teelöffel Salz, 4 extra große Eier, 2 Toasties, 2 Teelöffel Misopaste, 100 ml Sauce Hollandaise, Schnittlauch, Pfeffersoße

Zubereitung:

1. Kombiniere den Essig und Salz in einer tiefen Pfanne.

2. Mit etwas Wasser zum Kochen bringen.

3. Breche jedes Ei in eine eigene Tasse.

4. Wenn das Wasser kocht, senke die Hitze so niedrig wie möglich.

5. Lege die Eier vorsichtig nacheinander in das heiße Wasser und gieße sie aus den Tassen in die Pfanne.

6. Toaste die Toasties.

5. Pochiere die Eier nicht länger als 3 Minuten und entferne sie dann mit einem geschlitzten Löffel, damit überschüssiges Wasser in die Pfanne zurückfließen kann.

6. Pochierte Eier auf einen Teller geben.

7. Miso auf die gerösteten Toasties streichen.

8. Auf jede Muffinhälfte 1 pochiertes Ei legen.

9. Gib großzügige Portionen Sauce Hollandaise auf jede Hälfte und serviere sie sofort mit einer Prise Schnittlauch und einer scharfen Pfeffersauce.

Pikante Rühreier

Zubereitungszeit: 25 Min

Schwierigkeitsgrad: leicht

Zutatenliste für 1 Portion:

2 Eier, 2 Esslöffel Milch, Salz und Pfeffer nach Belieben, 10 Kapern, 2 Esslöffel Butter, 1⁄2 gehackte Tomate, 1 grüne gehackte Zwiebel

Zubereitung:

1. Die Eier in eine kleine Schüssel geben.

2. Füge die Milch, Salz und Pfeffer und Kapern hinzu.

3. Schlagen, bis die Eier eine gleichmäßige Farbe haben.

4. In einer kleinen Pfanne 1 Esslöffel Butter bei schwacher Hitze schmelzen lassen.

5. Füge die Tomate und die Frühlingszwiebel hinzu.

6. Kochen, bis die Tomate zart, aber noch fest ist.

7. Aus der Pfanne nehmen und beiseite stellen.

8. Pfanne reinigen.

9. Der restliche Esslöffel Butter in der Pfanne bei schwacher Hitze schmelzen.

10. Dreh die Hitze auf mittel-niedrig und füge die Eier hinzu.

11. Die Eier kochen (mit einem Spachtel, um von Zeit zu Zeit Teile des Eies zu wenden, so dass das ungekochte Ei darunter fließt.)

12. Wenn die Eier fast gar sind, lege die Tomate und die Frühlingszwiebel wieder in die Pfanne.

13. Koche die Rühreier, bis sie fest, aber noch etwas feucht sind (ca. 6–8 Minuten).

Huevos Rancheros

Zubereitungszeit: 20 Min

Schwierigkeitsgrad: leicht

Zutatenliste für 4 Portionen:

1 Dose schwarze Bohnen nach mexikanischer Art in Soße, 500 ml Salsa, 8 große Eier, 100 g ungesalzene Butter, 8 weiche Maistortillas, 250 g geriebener Cheddar-Käse, 100 ml saure Sahne, gehackter Koriander

Zubereitung:

1. Bohnen und Salsa in getrennten Töpfen auf kleiner Flamme erhitzen.
2. Rühre die Eier zusammen.
3. Die Butter in einer beschichteten Pfanne schmelzen.
4. Koche die Rühreier über einer niedrigen Flamme, bis sie weich und sahnig sind.
5. Die Tortillas entweder dämpfen oder 15 Sekunden in die Mikrowelle stellen.
6. Auf jeden Teller 2 Tortillas geben.
7. Die heißen schwarzen Bohnen gleichmäßig auf diese Tortillas verteilen.
8. Löffel die Eier auf die Bohnen, dann die Sauce.
9. Mit Käse, Sauerrahm und Koriander garnieren.

Rührei Masala

Zubereitungszeit: 15 Min

Schwierigkeitsgrad: leicht

Zutatenliste für 1 Portionen:

2 Esslöffel Butter, 50 g Zwiebel, 1⁄4 Teelöffel Kreuzkümmel in einer trockenen Pfanne geröstet und zerkleinert, 50 g Tomatenwürfel, 4 Eier, Rührei, mit Salz und weißem Pfeffer abschmecken, 4 Teelöffel gehackte frische Minzblätter (zum Garnieren)

Zubereitung:

1. Die Butter in einer mittelgroßen Pfanne bei mäßiger Hitze schmelzen.

2. Füge die Zwiebel hinzu.

3. 5 bis 8 Minuten kochen, bis sie weich sind. Fügen Sie Kreuzkümmel und Tomate hinzu; 1 Minute länger kochen.

4. Eier, Salz und Pfeffer unterrühren.

5. Rühre die Eier mit einem Holzlöffel ständig um, bis sie einen weichen, cremigen Quark bilden.

6. Auf einen Teller geben und sofort servieren.

7. Mit der Minze garnieren.

Einfaches Käseomelett

Zubereitungszeit: 20 Min

Schwierigkeitsgrad: leicht

Zutatenliste für 1 Portionen:

2 Eier, 2 Esslöffel Milch, Salz und Pfeffer nach Belieben, 1⁄4 Teelöffel (oder nach Geschmack) Chilipulver, 1 Esslöffel Butter, 50 g geriebener Käse

Zubereitung:

1. Schlage die Eier leicht mit der Milch auf.

2. Salz, Pfeffer und Chilipulver einrühren.

3. Die Butter bei schwacher Hitze in einer Pfanne schmelzen. Die Butter herumwirbeln, um die Pfanne vollständig zu bedecken.

4. Gieße die Eimischung in die Pfanne.

5. Bei schwacher Hitze kochen.

6. Nachdem das Omelett einige Minuten gekocht hat, streue den geriebenen Käse über die Hälfte des Omeletts.

7. Kippe die Pfanne gelegentlich oder hebe die Ränder des Omeletts mit einem Spatel an, damit das ungekochte Ei darunter läuft.

8. Wenn das Omelett gleichmäßig gegart ist, lockere die Ränder des Omeletts mit einem Spatel.

9. Schiebe den Spatel vorsichtig unter das Omelett und falte es in zwei Hälften.

10. Schiebe das Omelett auf einen Teller.

Boursin Omelett

Zubereitungszeit: 15 Min

Schwierigkeitsgrad: leicht

Zutatenliste für 1 Portionen:

3 große Eier, 50 ml Milch, 1⁄4 TL Salz, Ein Schuss Pfeffersauce, 1 Teelöffel ungesalzene Butter, 2 Esslöffel Boursin, 1 Teelöffel gehackter Schnittlauch

Zubereitung:

1. Eier, Milch, Salz und Pfeffersauce verquirlen.

2. Schmelze die Butter in einer Antihaft-Pfanne bei mittlerer bis geringer Hitze.

3. Die Pfanne gut schwenken und mit Butter bestreichen.

4. Füge die Eimischung hinzu und lassen Sie die Eier eine Minute lang brutzeln, ohne sie zu stören.

5. Rühre dann mit einem hölzernen Löffel die noch flüssigen Eier in der Pfanne herum.

6. Glätte die Oberseite mit dem Löffel und lass es ungestört kochen, bis die Eier zu 90 Prozent fest sind, aber immer noch auf der Oberseite glänzen.

7. Den Käse in der Mitte des Omeletts zerbröckeln.

8. Das Omelett halbieren, auf den Teller schieben, mit Schnittlauch bestreuen und genießen.

Käse-Pilz-Frittata

Zubereitungszeit: 30 Min

Schwierigkeitsgrad: mittel

Zutatenliste für 4 Portionen:

4 Esslöffel Olivenöl, 6 große Champignons in Scheiben geschnitten, 50 g gehackte Zwiebel, 3 große Eier, 100 ml Tasse Milch, 1⁄8 TL Muskatnuss,
Salz und Pfeffer nach Belieben, 1 kleine gehackte Tomate, 100 g geriebener Cheddar-Käse, 4 geröstete Baguettescheiben

Zubereitung:

1. 2 EL Olivenöl in einer Pfanne bei mittlerer Hitze erhitzen.

2. Füge die Pilze und die Zwiebel hinzu.

3. Kochen, bis die Zwiebel weich ist. Aus der Pfanne nehmen und beiseite stellen.

4. Reinige die Pfanne.

5. Schlage die Eier leicht mit der Milch auf.

6. Muskatnuss, Salz und Pfeffer unterrühren.

7. Gekochte Champignons und Zwiebeln, die Tomate und 1⁄4 Tasse geriebenen Käse unterrühren.

8. Die restlichen 2 EL Olivenöl in der Pfanne auf mittlerer Stufe erhitzen. Das Öl um die Pfanne schwenken, um die Pfanne vollständig zu beschichten.

9. Gieße die Eimischung in die Pfanne.

10. Bewege das Gemüse bei Bedarf, um sicherzustellen, dass es gleichmäßig im Ei verteilt ist.

11. Die Frittata bei mittlerer Hitze kochen.

12. Kippe die Pfanne gelegentlich oder hebe die Ränder der Frittata mit einem Spatel an, so dass das ungekochte Ei darunter läuft.r

13. Wenn die Frittata fest ist, decke die Pfanne mit einem Deckel oder Teller ab.

14. Dreh die Pfanne um, damit die Frittata auf den Deckel fällt.

15. Stell die Pfanne wieder auf den Herd und schiebe die Frittata zurück in die Pfanne, sodass der Boden der Frittata oben liegt.

16. Die restliche 1⁄4 Tasse geriebenen Käse über die Frittata streuen.

17. Bei mittlerer Hitze kochen, bis der Käse geschmolzen und die Frittata durchgegart ist.

18. Zum Servieren die Frittata-Pizza in Stücke schneiden und auf das geröstete Baguette geben.

Tropisches Frühstücks-Couscous

Zubereitungszeit: 20 Min

Schwierigkeitsgrad: leicht

Zutatenliste für 1 Portionen:

250 g Couscous, 250 ml Kokosmilch, 200 ml Orangensaft, 1⁄2 Teelöffel Vanille, 2 Esslöffel Honig, 4 Tassen geschnittenes frisches Obst

Zubereitung:

1. Bereite Couscous gemäß den Anweisungen auf der Verpackung zu.
2. In einem kleinen Topf Kokosmilch und Saft erhitzen, bis es gerade köchelt. Nicht kochen.
3. Couscous dazugeben und 1 Minute erhitzen.
4. Vanille einrühren, zudecken und Hitze abstellen.
5. Bedeckt 5 Minuten ruhen lassen, bis der Couscous gar ist.
6. Couscous mit einer Gabel flusen und Honig unterrühren.
7. Mit frischem Obst garnieren.

Schokoladen Erdnussbutter Frühstück Quinoa

Zubereitungszeit: 20 Min

Schwierigkeitsgrad: leicht

Zutatenliste für 1 Portionen:

150 g Quinoa, 200 ml Mandelmilch, 2 Esslöffel Erdnussbutter, 1-2 Esslöffel Kakao, 1⁄2 Esslöffel brauner Reissirup

Zubereitung:

1. Quinoa und Mandelmilch bei mittlerer Hitze mischen.
2. Abdecken und 15 Minuten kochen lassen oder bis die Quinoa fertig ist, dabei häufig umrühren.
3. Noch heiß, Erdnussbutter, Kakao und braunen Reissirup unterrühren.

Zimt-Toast mit Ricotta und Rosinenaufstrich

Zubereitungszeit: 25 Min

Schwierigkeitsgrad: leicht

Zutatenliste für 1 Portionen:

1⁄8 Teelöffel (oder nach Geschmack) gemahlener Zimt, 2 Teelöffel Orangenmarmelade, 3 Esslöffel Ricotta, 2 Teelöffel (oder nach Geschmack) Rosinen, 1 Scheibe Brot

Zubereitung:

1. Backofen auf 120 ° C vorheizen.
2. Ein Backblech mit Kochspray einsprühen.
3. In einer kleinen Schüssel den gemahlenen Zimt und die Marmelade in den Ricotta-Käse pürieren.
4. Rosinen unterrühren.
5. Nach gründlicher Durchmischung auf dem Brot verteilen.
6. Lege das Brot auf das vorbereitete Backblech.
7. 15 Minuten backen.
8. Erhöhe die Temperatur auf 180 ° C und backe noch 5 Minuten.
9. Warm servieren.

Kartoffel Frühstücksburritos

Zubereitungszeit: 20 Min

Schwierigkeitsgrad: leicht

Zutatenliste für 3 Portionen:

2 Esslöffel Olivenöl, 2 kleine gewürfelte Kartoffeln, 2 Chilischoten, gewürfelt,
1 Teelöffel Chilipulver, Salz und Pfeffer, 1 gewürfelte Tomate, 3 Mehl Tortillas

Zubereitung:

1. Das Olivenöl in einer Pfanne erhitzen und die Kartoffeln und Chilischoten hinzufügen.

2. Die Kartoffeln etwa 6–7 Minuten lang anbraten, bis sie fast weich sind.

3. Chilipulver, Salz, Pfeffer und Tomate dazugeben und gut umrühren.

4. Weiter kochen, bis Kartoffeln und Tomaten weich sind, weitere 4 bis 5 Minuten.

5. Die Mehl-Tortillas 10 Sekunden in der Mikrowelle erwärmen.

6. Die Kartoffelmischung in die warmen Tortillas einwickeln.

Ahorn Zimt Frühstück Quinoa

Zubereitungszeit: 20 Min

Schwierigkeitsgrad: leicht

Zutatenliste für 4 Portionen:

250 g Quinoa, 500 ml Wasser, 1 Teelöffel Kokosöl, 500 ml Sojamilch, 1/2 TL Zimt, 2 Esslöffel Ahornsirup, 2 Bananen, in Scheiben geschnitten

Zubereitung:

1. Quinoa und Wasser in einem kleinen Topf erhitzen und zum Kochen bringen.
2. Zum Kochen bringen und abgedeckt 15 Minuten kochen lassen, bis die Flüssigkeit absorbiert ist.
3. Vom Herd nehmen und die Quinoa mit einer Gabel aufschäumen.
4. Abdecken und 5 Minuten ruhen lassen.
5. Kokosöl und Sojamilch unterrühren und die restlichen Zutaten hinzufügen.

Rührei-Burritos

Zubereitungszeit: 25 Min

Schwierigkeitsgrad: mittel

Zutatenliste für 4 Portionen:

1 Esslöffel ungesalzene Butter, 1 mittelgroße gehackte Zwiebel, 200 g geröstete Paprika, 8 extra große Eier, ein paar Spritzer Peperonisauce, 250 g geriebener Käse, Salz und Pfeffer, 4 Mehl-Tortillas, Salsa

Zubereitung:

1. In einer großen Pfanne bei mittlerer Hitze die Butter schmelzen

2. Füge die Zwiebeln und die geschnittenen gebratenen Paprikaschoten hinzu.

3. 5 Minuten kochen, bis die Zwiebeln weich und durchscheinend sind.

4. Schlage die Eier und fügen sie in die Pfanne.

5. Unter ständigem Rühren mit einem Holzlöffel kochen, bis die Eier etwa zur Hälfte gar sind - (noch sehr flüssig)

6. die scharfe Peperonisauce, den Käse, das Salz und den Pfeffer hinzufügen.

7. Vom Herd nehmen. Eier sollten weich und cremig sein und einen kleinen Quark haben.

8. Die Tortillas weichmachen, indem sie bei mittlerer Hitze direkt auf den Herd gestellt oder 10 Sekunden lang in die Mikrowelle gestellt werden.

9. 1⁄4 der Eimischung auf eine Tortilla geben.

10. Falte die Seiten auf das Ei und rolle die Tortilla von dir weg.

11. Falte die Füllung zusammen und halte sie mit den Fingern, um den Druck gleichmäßig zu halten.

12. Mit Salsa servieren.

French Toast

Zubereitungszeit: 15 Min

Schwierigkeitsgrad: leicht

Zutatenliste für 1 Portionen:

2 Eier, Salz zum Abschmecken, 50 ml Milch, 2 Esslöffel Butter, 2 Scheiben gekeimtes Kornbrot, 250 g Heidelbeeren, 1⁄4 TL Zimt

Zubereitung:

1. In einer kleinen Schüssel die Eier leicht schlagen.

2. Füge das Salz und die Milch hinzu.

3. Die Butter in einer Pfanne bei mittlerer Hitze erhitzen.

4. Nimm eine Scheibe Brot, tauche eine Seite in das geschlagene Ei und lasse es einige Sekunden ruhen, um die Eimischung aufzusaugen.

5. Das Brot wenden und mit der anderen Seite wiederholen.

6. Lege das Brot flach in die Pfanne.

7. Wiederhole es mit der anderen Scheibe Brot.

8. Kochen, bis das Brot auf dem Boden gebräunt ist, dann wenden und mit der anderen Seite wiederholen.

9. Aus der Pfanne nehmen, mit Beeren bedecken und mit Zimt bestreuen.

Einfacher veganer French Toast

Zubereitungszeit: 15 Min

Schwierigkeitsgrad: leicht

Zutatenliste für 4 Portionen:

2 Bananen, 100 ml Mandelmilch, 1 Esslöffel Orangensaft, 1 Esslöffel Ahornsirup, 3-4 Teelöffel Vanille, 1 Esslöffel Mehl, 1 Teelöffel Zimt, 1/2 TL Muskatnuss, Kokosöl zum Braten, 8 dicke Scheiben Brot

Zubereitung:

1. Mische mit einem Mixer die Bananen, Mandelmilch, Orangensaft, Ahornsirup und Vanille glatt und cremig.

2. Mehl, Zimt und Muskatnuss unterrühren und in einen Tortenteller oder eine flache Pfanne geben.

3. In einer großen Pfanne 1–2 Esslöffel Kokosöl erhitzen.

4. Dippe oder löffle die Mischung auf beiden Seiten über jede Brotscheibe und brate sie in heißem Öl etwa 2-3 Minuten lang auf beiden Seiten leicht goldbraun an.

Einfache Pfannkuchen-Roll-Ups

Zubereitungszeit: 20 Min

Schwierigkeitsgrad: leicht

Zutatenliste für 6 Portionen:

2 Teelöffel Backpulver, 1/8 Teelöffel Salz, 1 Tasse Buchweizenmehl, 2 Esslöffel Kristallzucker, 1 Ei, 1 1/2 Esslöffel Pflanzenöl sowie extra zum Einfetten,
250 ml Milch, 6 Esslöffel Erdnussbutter, 3 kleine Bananen

Zubereitung:

1. Erhitze eine Bratpfanne oder und stelle sicher, dass sie sehr heiß ist (ein Tropfen Wasser sollte zischen, wenn er darauf fällt).

2. Backpulver und Salz in einer mittelgroßen Schüssel unter gründlichem Rühren in das Buchweizenmehl einrühren.

3. Zucker einrühren.

4. In einer kleinen Schüssel das Ei leicht schlagen und das Pflanzenöl und die Milch hinzufügen.

5. Die Eimischung zu den trockenen Zutaten geben. Nicht zu viel mischen. Der Teig sollte flüssig sein.

6. Fette die Bratpfanne oder die Pfanne nach Bedarf mit Öl ein.

7. Gieße den Teig in Portionen.

8. Kochen, bis die Pfannkuchen unten braun sind und oben sprudeln.

9. Umdrehen und die andere Seite bräunen lassen.

10. Nimm die Pfannkuchen von der Pfanne.

11. Die Erdnussbutter auf den Pfannkuchen verteilen und aufrollen.

12. Lege vor dem Aufrollen Bananenscheiben in den Pfannkuchen.

Buchweizen-Pfannkuchen

Zubereitungszeit: 25 Min

Schwierigkeitsgrad: mittel

Zutatenliste für 12 Portionen:

750 g Allzweckmehl, 1⁄4 Tasse Buchweizenmehl, 2 Teelöffel Backpulver, 1 Teelöffel Backpulver, 1⁄8 Teelöffel Salz, 3 Esslöffel Rohzucker, 1 Ei, 1 1⁄2 Esslöffel Kokosnussöl plus extra zum Einfetten, 1 Tasse Buttermilch,
800 g gefrorene Blaubeeren, 1 Esslöffel Sesam

Zubereitung:

1. Erhitze eine Bratpfanne und achte darauf, dass sie sehr heiß ist (Wasser sollte zischen, wenn es darauf getropft wird).

2. Mische in einer mittelgroßen Schüssel das Allzweck- und das Buchweizenmehl.

3. Rühre das Backpulver und Salz in das Mehl, gründlich mischen.

4. Zucker einrühren.

5. In einer kleinen Schüssel das Ei leicht schlagen und das Kokosöl und die Buttermilch hinzufügen.

6. Füge das Ei-Milch-Gemisch zu den trockenen Zutaten hinzu. Nicht zu viel mischen. Der Teig sollte flüssig sein.

7. Rühre die Blaubeeren vorsichtig ein.

8. Fette die Bratpfanne nach Bedarf mit Öl ein.

9. Gieße den Teig in 2-Esslöffel-Portionen in die Pfanne.

10. Über jeden Pfannkuchen ca. 1⁄4 Teelöffel Sesamsamen streuen.

11. Kochen, bis die Pfannkuchen unten braun sind und oben ca. 3-5 Minuten sprudeln.

12. Umdrehen und die andere Seite bräunen lassen.

13. Nimm die Pfannkuchen von der Pfanne.

14. Wiederhole es mit dem restlichen Pfannkuchenteig.

Corny Polenta Frühstückspfannkuchen

Zubereitungszeit: 20 Min

Schwierigkeitsgrad: mittel

Zutatenliste für 8 Portionen:

250 g grobes gelbes Maismehl, 500 ml kochendes Wasser, 800 g Mehl, 1/2 Teelöffel Tafelsalz, 2 1/2 Esslöffel Zucker, 4 1/2 Esslöffel Backpulver, 1 Liter Milch, 2 Eier plus 1 Eiweiß, 150 g geschmolzene Butter, 250 g Heidelbeeren, 2 Esslöffel Ahornsirup

Zubereitung:

1. Mache die Polenta, indem Sie das Maismehl direkt in das kochende Wasser schlagen. Es sollte schnell zu einer Paste verdicken.

2. Sofort zum Abkühlen auf einen Teller oder eine Pfanne geben.

3. Mehl, Salz, Zucker und Backpulver sieben.

4. In einer separaten Schüssel Milch, Eier und zerlassene Butter verquirlen.

6. Mehlmischung in Eimischung einrühren und nur so viel mischen, wie zum Mischen erforderlich ist.

7. Zerbröckle die abgekühlte Polenta in den Teig und zerbreche große Stücke zwischen deinen Fingern.

8. Passe die Konsistenz des Teiges gegebenenfalls mit zusätzlicher Milch an, um die Konsistenz von dicken Haferflocken zu erreichen.

9. Auf einer heißen Butterbratpfanne, einer gusseisernen Pfanne oder einer beschichteten Pfanne beide Seiten gründlichen kochen.

10. Mit Ahornsirup und 1 Tasse Obst servieren.

Hüttenkäse Blintzes

Zubereitungszeit: 30 Min

Schwierigkeitsgrad: mittel

Zutatenliste für 4 Portionen:

250 g Hüttenkäse, 1⁄2 Tasse Ricotta, 2 Esslöffel Zucker, 1 großes Eigelb, 4 kleine Vollkorntortillas, 2 Esslöffel ungesalzene Butter, 4 Esslöffel Marmelade

Zubereitung:

1. Ofen auf 180° C vorheizen.

2. In einer Küchenmaschine den Quark, den Ricotta und den Zucker glattrühren.

3. In eine Schüssel geben.

4. Eigelb einrühren.

5. Butter in eine Auflaufform geben.

6. Auf einer sauberen Arbeitsfläche einen großzügigen Esslöffel Käsefüllung auf das untere Drittel einer Tortilla geben.

7. Falte die Seiten ein und klappe den Boden nach oben, um die Füllung zu umhüllen.

8. Rolle die Tortilla von dir weg.

9. Wiederhole es mit den restlichen Tortillas;

10. Alle in die Auflaufform legen und mit der zerlassenen Butter bestreichen.

11. 10–15 Minuten backen, bis sie sichtbar prall sind.

12. Mit Marmelade servieren.

Mittagessen

Bruschetta mit Tomaten

Zubereitungszeit: 15 Min

Schwierigkeitsgrad: leicht

Zutatenliste für 2 Portionen:

1 Knoblauchzehe, 1 mittelgroße Tomate, Salz und Pfeffer nach Belieben, 4 Scheiben Baguette, 1 Esslöffel Olivenöl, 1⁄2 Teelöffel getrocknetes Basilikum

Zubereitung:

1. Die Knoblauchzehe zerdrücken, schälen und halbieren.

2. Die Tomate waschen und hacken.

3. Die gehackte Tomate mit Salz und Pfeffer bestreuen und beiseite stellen.

4. Toaste die Brotscheiben.

5. Reibe den Knoblauch über eine Seite jeder gerösteten Brotscheibe.

6. Die gehackte Tomate darauf verteilen.

7. Mit dem Olivenöl beträufeln.

8. Mit dem getrockneten Basilikum bestreuen und nach Belieben etwas Salz und Pfeffer hinzufügen.

Herzhafter mexikanischer Tacco-Salat

Zubereitungszeit: 15 Min

Schwierigkeitsgrad: leicht

Zutatenliste für 2 Portionen:

2 Salatblätter, 1/2 rote Paprika, 1/2 grüne Paprika, 1 kleine Tomate, 250 g geriebener Mozzarella, 3 Esslöffel (oder nach Geschmack) Salsa, Tacco-Chips

Zubereitung:

1. Das Gemüse waschen und trocknen.

2. Salatblätter zerkleinern.

3. Die roten und grünen Paprikaschoten entkernen und fein hacken.

5. Die Tomate hacken.

6. Kombinieren Sie das Gemüse und den geriebenen Käse in einer kleinen Salatschüssel.

7. Salsa einrühren.

8. Mit den Tacco-Chips servieren.

Leichte Falafel-Pastetchen

Zubereitungszeit: 15 Min

Schwierigkeitsgrad: leicht

Zutatenliste für 4 Portionen:

1500 g Dose Kichererbsen, 1/2 Zwiebel, 1 Esslöffel Mehl, 1 Teelöffel Kreuzkümmel, 3-4 TL Knoblauchpulver, 3-4 Teelöffel Salz, 1 Ei, 50 g gehackte, frische Petersilie, 2 Esslöffel gehackter, frischer Koriander

Zubereitung:

1. Ofen auf 180°C vorheizen.

2. Kichererbsen in eine große Schüssel geben und mit einer Gabel grob pürieren.

3. Kichererbsen mit Zwiebeln, Mehl, Kreuzkümmel, Knoblauchpulver, Salz und Ei mischen.

4. Petersilie und Koriander hinzufügen.

5. Forme die Mischung zu Kugeln oder Pastetchen und backe sie 15 Minuten im Ofen oder bis sie knusprig sind.

6. Falafel kann auch in Öl für ca. 5 bis 6 Minuten auf jeder Seite gebraten werden.

Schwarze und grüne vegetarische Burritos

Zubereitungszeit: 25 Min

Schwierigkeitsgrad: leicht

Zutatenliste für 4 Portionen:

1 gehackte Zwiebel, 2 Zucchini in dünne Streifen schneiden, 1 grüne gehackte Paprika, 2 Esslöffel Olivenöl, 1/2 Teelöffel Oregano, 1/2 Teelöffel Kreuzkümmel, 1500 g Dose schwarze Bohnen, 1100 g Dose grüne Chilis,
300 g gekochter Reis, 4 große Mehl Tortillas

Zubereitung:

1. Zwiebel, Zucchini und Paprika in Olivenöl erhitzen, bis das Gemüse weich ist (ca. 4–5 Minuten).

2. Reduziere die Hitze auf niedrig und füge Oregano, Kreuzkümmel, schwarze Bohnen und Chilischoten hinzu.

3. Kochen, rühren, bis alles gut vermischt und durchgeheizt ist.

4. Reis in die Mitte jeder Tortilla geben und mit der Bohnenmischung bedecken.

5. Falte den Boden der Tortilla nach oben und wickle dann die eine und die andere Seite fest um.

6. Serviere es so wie es ist oder backe es für 15 Minuten in einem 180° C heißen Ofen, um einen knusprigen Burrito zu erhalten.

Tempeh Dill Hähnchensalat

Zubereitungszeit: 20 Min

Schwierigkeitsgrad: leicht

Zutatenliste für 3 Portionen:

1250 g Paket Tempeh, Wasser zum Kochen, 3 Esslöffel vegane Mayonnaise,
2 Teelöffel Zitronensaft, 1/2 TL Knoblauchpulver, 1 Teelöffel Dijon-Senf,
2 Esslöffel Essiggurkenrelish, 1/2 Tasse grüne Erbsen, 2 Stangen Sellerie, 1 Esslöffel gehackter frischer Dill

Zubereitung:

1. Das Tempeh mit Wasser bedecken und 10 Minuten köcheln lassen, bis das Tempeh weich ist.

2. Abgießen und vollständig abkühlen lassen.

3. Mayonnaise, Zitronensaft, Knoblauchpulver, Senf und Relish verquirlen.

4. Tempeh, Mayonnaise Mischung, Erbsen, Sellerie und Dill vorsichtig kombinieren.

5. Vor dem Servieren mindestens 1 Stunde kalt stellen, damit sich die Aromen vereinen können.

Griechische Salattaschen

Zubereitungszeit: 15 Min

Schwierigkeitsgrad: leicht

Zutatenliste für 1 Portionen:

1 Pita-Tasche, 1/2 Tomate, 2 Römersalatblätter, 8 Gurkenscheiben, 50 g zerbröckelter Feta-Käse, 6 ganze gehackte Oliven, 2 Esslöffel Olivenöl,
Salz und schwarzer Pfeffer nach Belieben

Zubereitung:

1. Schneide die Pita-Tasche in zwei Hälften.

2. Die Tomate in dünne Stücke schneiden.

3. Römersalatblätter zerkleinern.

4. Salat und Tomate in einer mittelgroßen Schüssel mit der Gurke vermengen.

5. Den Feta-Käse, die gehackten Oliven und das Olivenöl dazugeben und erneut umrühren. Mit Salz und frischem schwarzem Pfeffer bestreuen.

6. Fülle jede Pita zur Hälfte mit Salat und serviere.

Quinoa und Hummus Sandwich Wrap

Zubereitungszeit: 10 Minuten

Schwierigkeitsgrad: Einfach

Zutatenliste für 1 Portionen:

1 Tortilla, 3 Esslöffel Hummus, 80 g gekochte Quinoa, 1⁄2 TL Zitronensaft,
2 Teelöffel Vinaigrette-Salatdressing, 1 geröstete rote Paprika (in Streifen),
50 g Sprossen

Zubereitung:

1. Eine Schicht Hummus und Quinoa auf einer aufgewärmten Tortilla verteilen und mit Zitronensaft und Salatsauce beträufeln.

2. Rote Paprika und Sprossen darauf verteilen und einwickeln.

Asiatisches Salatwickelsandwich

Zubereitungszeit: 30 Min

Schwierigkeitsgrad: mittel

Zutatenliste für 2 Portionen:

2 Teelöffel Reisessig, 2 Teelöffel Sojasauce, 1 Teelöffel roher Honig, 1 Teelöffel Maisstärke, 2 Teelöffel Wasser, 170 g Tempeh, 3 Esslöffel Pflanzenöl oder nach Bedarf, 1 Knoblauchzehe (zerdrückt und geschält), 3 Esslöffel gehackte Zwiebel, 50 g rote Paprika, 50 g Sojasprossen, 3 Tropfen Sesamöl oder nach Geschmack, 1 Römersalatblatt (geschreddert) , 4 Tortillawickel

Zubereitung:

1. In einer kleinen Schüssel Reisessig, Sojasauce und Honig mischen und beiseite stellen.

2. Die Maisstärke und das Wasser mischen. In einer separaten kleinen Schüssel beiseite stellen.

3. Das Tempeh in mundgerechte Stücke schneiden.

4. 2 Esslöffel Pflanzenöl in eine Pfanne geben und bei mittlerer Hitze erhitzen.

5. Wenn das Öl heiß ist, füge den Knoblauch hinzu.

6. Kurz anbraten und den Knoblauch mit einem Spatel durch das Öl schieben.

7. Füge das Tempeh hinzu und brate es unter ständigem Rühren etwa 7 Minuten lang an, bis es von allen Seiten gekocht ist.

8. Aus der Pfanne nehmen und beiseite stellen.

9. 1 oder 2 weitere Esslöffel Pflanzenöl in die Pfanne geben.

10. Zwiebel dazugeben und ca. 1 Minute anbraten.

11. Den roten Pfeffer dazugeben und eine weitere Minute anbraten.

12. Die Sojasprossen hinzufügen.

13. Die Reisessigmischung in die Pfanne geben und in die Mitte des Gemüses gießen.

14. Die Maisstärke-Wasser-Mischung kurz umrühren.

15. Dreh die Hitze auf mittlerer Höhe und füge die Maisstärkemischung hinzu.

16. Unter ständigem Rühren kochen, bis es kocht und dick wird.

17. Füge das Tempeh hinzu und mische es mit dem Gemüse und der Soße.

18. Streu das Sesamöl darüber.

19. Gib ein paar Stücke geschnittenen Salat auf jede Packung.

20. Löffle Tempeh-Sauce-Mischung darüber und rolle sie auf.

21. Wenn du die Pita-Taschenhälften verwendest, gib den zerkleinerten Salat und 1⁄4 der Tempeh-Mischung in jede Hälfte.

Schwarzbohnen-Gersten-Tacco-Salat

Zubereitungszeit: 10 Min

Schwierigkeitsgrad: leicht

Zutatenliste für 2 Portionen:

1500 g Dose schwarze Bohnen (abgetropft), 1⁄2 Teelöffel Kreuzkümmel, 1⁄2 Teelöffel Oregano, 2 Esslöffel Limettensaft, 1 Teelöffel scharfe Chilisoße, 250 g gekochte Gerste, 1 Kopf-Eisbergsalat (zerkleinert), 800 ml Salsa, Handvoll Tortillachips (zerbröckelt), 2 Esslöffel veganes italienisches Dressing

Zubereitung:

1. Bohnen, Kreuzkümmel, Oregano, Limettensaft und scharfe Soße zerdrücken, bis die Bohnen größtenteils püriert sind

2. Mit Gerste mischen.

3. Salat mit Bohnen und Gerste überziehen und mit Salsa und Tortillachips belegen.

4. Mit italienischem Dressing beträufeln.

5. Servieren!

Gebackene Tortilla Wraps

Zubereitungszeit: 35 Min

Schwierigkeitsgrad: mittel

Zutatenliste für 2 Portionen:

100 g Tempeh, 1 Teelöffel Olivenöl, 3 Esslöffel gehackte, rote Zwiebel, 1⁄4 kleine grüne Paprika (fein gehackt), 1 Esslöffel Rotweinessig, 2 weiche Tortillawickel, 2 Esslöffel natürliche Erdnussbutter

Zubereitung:

1. Ofen auf 180 ° C vorheizen.

2. Ein Backblech mit Kochspray einsprühen.

3. Tempeh in dünne Streifen schneiden.

4. Das Olivenöl bei mittlerer Hitze in einer Pfanne erhitzen.

5. Füge die Zwiebel hinzu und koche es bis es zart wird.

6. Den grünen Pfeffer dazugeben und 1–2 Minuten kochen lassen.

7. Schiebe das Gemüse seitlich von der Pfanne und füge das Tempeh in der Mitte hinzu, wobei du die Streifen flach auslegst.

8. Den Rotweinessig über das Tempeh streuen.

9. Kochen, bis das Tempeh auf beiden Seiten gebräunt ist und einmal umdrehen.

10. Mische das Gemüse mit dem Tempeh und Essig.

11. Vom Herd nehmen und kurz abkühlen lassen.

12. Lege 1 Tortilla Wrap flach auf einen Teller und verteile die Erdnussbutter auf der Innenseite.

13. Gib die Hälfte der Tempeh-Gemüse-Mischung auf den Boden der Verpackung und achte darauf, dass die Füllung nicht zu nahe an den Rändern ist.

14. Falte die rechte und linke Seite der Umhüllung.

15. Aufrollen und in die Ränder stecken.

16. Wiederhole dies mit dem anderen Tortillawickel.

17. Lege beide Wraps auf das vorbereitete Backblech.

18. 15 Minuten backen oder bis es durchgeheizt ist.

Gegrilltes Käse-Sandwich

Zubereitungszeit: 15 Min

Schwierigkeitsgrad: leicht

Zutatenliste für 1 Portionen:

2 Esslöffel weiche Butter, 2 Scheiben Brot, 2 Teelöffel (oder nach Geschmack) Senf, 2 Scheiben Cheddar-Käse

Zubereitung:

1. Eine Seite einer Scheibe Brot mit ca. 1 1⁄2 Teelöffel Butter bestreichen.

2. Den Senf auf einer Seite der anderen Scheibe verteilen.

3. Die Käsescheiben in die Mitte legen und das Sandwich mit den trockenen Seiten schließen.

4. Bei mittlerer Hitze eine Pfanne ca. 1 Minute erhitzen.

5. Wenn die Pfanne heiß ist, schmelzen Sie 1 Esslöffel Butter in der Pfanne (es sollte brutzeln).

6. Das Sandwich in die Pfanne geben.

7. 3–4 Minuten kochen, bis der Boden goldbraun ist.

8. Drücke mit einem Spatel vorsichtig auf das Sandwich, während es kocht.

9. Schiebe das Sandwich zur Seite und gib ca. 2 Teelöffel Butter in die Pfanne.

10. Dreh das Sandwich um und koche es auf der anderen Seite, bis es braun ist und der Käse fast geschmolzen ist (3-4 Minuten).

11. Das Sandwich aus der Pfanne nehmen und halbieren.

Eiersalat-Sandwich

Zubereitungszeit: 20 Min

Schwierigkeitsgrad: leicht

Zutatenliste für 2 Portionen:

2 hartgekochte Eier (siehe Kapitel 1), 1 Esslöffel ganzer griechischer Joghurt,
2 Teelöffel Dijon-Senf, 1/8 Teelöffel (oder nach Geschmack) Paprika, Salz und Pfeffer nach Belieben, 1 Salatblatt, 1/4 kleine Tomate, 2 Pita-Taschenhälften

Zubereitung:

1. Eier schälen, hacken und in eine kleine Schüssel geben.

2. Die Eier mit dem griechischen Joghurt und dem Dijon-Senf zerdrücken. Paprika, Salz und Pfeffer unterrühren.

3. Salatblatt zerkleinern.

4. Die Tomate fein hacken, damit ungefähr 2 gehäufte Esslöffel ergeben.

5. Salat und Tomate unter die Eimischung rühren.

6. Wenn du Brot verwendest, verteile die Hälfte der Mischung auf 1 Scheibe Brot.

7. Die andere Scheibe darauflegen und schließen.

8. Wenn du Pita-Taschen verwendest, fülle die Hälfte der Eimischung in jede Tasche.

Weizen-Mais-Wraps mit Tofu

Zubereitungszeit: 15 Min

Schwierigkeitsgrad: leicht

Zutatenliste für 4 Portionen:

100 g Weizenbeeren (gekocht bis zart), 1 Packung (300 g) gefrorener Zuckermais (aufgetaut), Saft von 1 Zitrone, 1 Esslöffel Olivenöl, 1⁄2 Teelöffel gemahlener Kreuzkümmel, Salz und Pfeffer, 2 Esslöffel Salatdressing, 4 mittelgroße Tortillas, 250 g gekaufter aromatisierter Tofu

Zubereitung:

1. In einer Schüssel das gekochte Getreide, Mais, Zitronensaft, Olivenöl, Kreuzkümmel, Salz und Pfeffer vermischen.

2. Verteile es in einer Linie über den Äquator jeder Tortilla.

3. Den Tofu neben das Getreide legen und die Tortilla aufrollen.

Tofu-Burger

Zubereitungszeit: 25 Min

Schwierigkeitsgrad: mittel

Zutatenliste für 4 Portionen:

80 g fester Tofu, 3 Esslöffel Haferflocken, 1 Esslöffel fein gehackte Zwiebel, 1 Esslöffel Worcestershire-Sauce, Chilipulver, 1 Ei, 1 Teelöffel Olivenöl, 1⁄2 Tasse zerdrückte Tomaten, 1 Esslöffel (oder nach Geschmack) weißer Essig,
1 Teelöffel (oder nach Geschmack) Kristallzucker, 4 Toasties

Zubereitung:

1. Tofu abtropfen lassen und zerbröckeln.

2. Hafer, Zwiebel, Worcestershire-Sauce und Chilipulver unterrühren.

3. Füge das Ei hinzu und mische es mit deinen Händen, um sicherzustellen, dass der Tofu gründlich mit den anderen Zutaten vermischt ist.

4. Das Olivenöl in einer Pfanne erhitzen.

5. Forme die Tofumischung zu Bällen, die ungefähr der Größe von großen Golfbällen entsprechen, und drücke sie mit der Handfläche flach.

6. Füge die Burger in die Pfanne, mit einem Spatel, um sie sanft zu glätten und drücke alle Teile, die sich vom Hauptburger trennen, zusammen.

7. Die Burger auf jeder Seite 3-4 Minuten braten, bis sie braun sind.

8. Die zerkleinerten Tomaten, den Essig und den Zucker in einem kleinen Topf erhitzen.

9. Nach Belieben abschmecken und würzen.

10. Halte sie bei schwacher Hitze warm, während du die Toasties röstest.

11. Die Toasties halbieren und toasten.

Eierloser Eiersalat

Zubereitungszeit: 20 Min

Schwierigkeitsgrad: leicht

Zutatenliste für 4 Portionen:

1 Block fester Tofu, 1 Block Seidentofu, 1⁄2 Tasse vegane Mayonnaise, 1⁄3 Tasse Essiggurken-Relish, 3-4 Teelöffel Apfelessig, 1⁄2 Stangensellerie (gewürfelt), 2 Esslöffel gehackte Zwiebel, 1 1/2 Esslöffel Dijon-Senf, 2 Esslöffel gehackter Schnittlauch, 1 Teelöffel Paprika

Zubereitung:

1. Verwende in einer mittelgroßen Schüssel eine Gabel, um den Tofu zusammen mit den restlichen Zutaten außer dem Paprika zu zerdrücken.

2. Vor dem Servieren mindestens 15 Minuten kaltstellen, damit sich die Aromen vermischen können.

3. Kurz vor dem Servieren mit Paprika garnieren.

Rote und gelbe Kräutertomaten auf Honig-Nuss-Brot

Zubereitungszeit: 15 Min

Schwierigkeitsgrad: leicht

Zutatenliste für 4 Portionen:

500 ml natives Olivenöl, 50 ml Balsamico-Essig, 1 Esslöffel Dijon-Senf, 1/2 Bund frischer Oregano (grob gehackt), 1/2 Bund italienische Petersilie (grob gehackt), 1 kleiner Bund Schnittlauch (gehackt), 2 reife Fleischtomaten,
2 Tomaten (in 2 cm dicke Scheiben geschnitten), 8 Scheiben süßes Teigbrot mit Vollkorn, Salz und schwarzer Pfeffer nach Geschmack

Zubereitung:

1. Öl, Essig und Senf in einer kleinen Stahlschüssel verquirlen.

2. Gehackte Kräuter unterheben.

3. Lege die Tomatenscheiben in einer einzigen Schicht in eine (nicht reaktive) Glasschale und gieße den größten Teil des Dressings darüber, wobei du etwa 2 Esslöffel reservierst.

4. Bei Raumtemperatur ca. 10 Minuten marinieren lassen.

5. Toaste das Vollkornbrot und beträufle es mit dem restlichen Dressing.

6. Tomaten mit Salz und frisch gemahlenem schwarzem Pfeffer würzen.

7. Servieren!

Nahöstlicher Hummus

Zubereitungszeit: 20 Min

Schwierigkeitsgrad: leicht

Zutatenliste für 4 Portionen:

2 große Knoblauchzehen, 500 g Kichererbsen, 4 Esslöffel reservierter Kichererbsensaft, 2 Esslöffel plus 1 Teelöffel Zitronensaft, 2 Esslöffel Tahini, 1⁄4 Teelöffel (oder nach Geschmack) gemahlener Kreuzkümmel, 2 Pita-Taschen (4 Pita-Hälften)

Zubereitung:

1. Ofen auf 180° C vorheizen.
2. Knoblauchzehen zerdrücken, schälen und fein hacken.
3. Die Kichererbsen abgießen, pürieren und den Saft aus der Dose ziehen lassen.
4. In einer kleinen Schüssel gehackten Knoblauch, Kichererbsenpüree, Kichererbsensaft, Zitronensaft, Tahini und Kreuzkümmel zu einem hausgemachten Hummus vermengen.
5. Schneide 2 Pita-Taschen in jeweils 6 Keile.
6. Auf ein Backblech legen und 8–10 Minuten im Backofen knusprig rösten.
7. Verteile einen gehäuften Esslöffel Hummus auf jedem Pita-Keil.
8. Lager den Rest des Hummus bis zur Verwendung in einem verschlossenen Behälter im Kühlschrank.

Portobello Pilzburger

Zubereitungszeit: 30 Min

Schwierigkeitsgrad: mittel

Zutatenliste für 1 Portionen:

1 englischer Muffin (halbieren), 2 Teelöffel Butter, 1 großer Portobello-Pilz,
1 Römersalatblatt, 1 Teelöffel Olivenöl, 3 Esslöffel (oder nach Geschmack) gehackte Zwiebel, 1 Tomatenscheibe, 2 Esslöffel geriebener Schweizer Käse

Zubereitung:

1. Röste die englischen Muffinhälften.

2. Verteile 1 Teelöffel Butter auf beiden Hälften, während sie noch warm sind, und lege sie beiseite.

3. Den Portobello-Pilz mit einem feuchten Tuch abwischen und in dünne Scheiben schneiden.

4. Salatblatt waschen, trocknen und in Stücke reißen.

5. Das Olivenöl in einer Pfanne auf mittlerer Stufe erhitzen.

6. Die gehackte Zwiebel dazugeben und bei mittlerer Hitze weichkochen.

7. Die restlichen 1 TL Butter in die Pfanne geben.

8. Schiebe die Zwiebel zur Seite und lege die Portobello-Pilzscheiben flach in die Pfanne.

9. 2 Minuten kochen lassen, bis der Boden braun ist.

10. Drehe sie um und koche die andere Seite, bis sie gebräunt ist.

11. Die Tomatenscheibe in die Pfanne geben, während der Pilz die letzten 2 Minuten kocht.

12. Wenn die Pilzscheiben auf beiden Seiten gebräunt sind, den geriebenen Käse darüber streuen.

13. Kurz kochen, bis der Käse geschmolzen ist.

14. Für den Burger die Tomate auf eine Muffinhälfte legen und die gekochte Zwiebel auf die andere Hälfte legen.

15. Lege den Pilz und die geschmolzene Käsemischung auf beide Hälften.

16. Offen servieren und mit dem Salat garnieren.

Portobello Pita mit Buchweizen und Bohnen

Zubereitungszeit: 20 Min

Schwierigkeitsgrad: mittel

Zutatenliste für 4 Portionen:

4 mittelgroße Portobello-Pilze (Stiele entfernt), Salz und frisch gemahlener schwarzer Pfeffer, 1 Esslöffel Olivenöl, 4 Fladenbrote (mittelgroß ca. 20 cm),
2 Esslöffel Mayonnaise, 250 g Buchweizengrütze (nach Packungsangaben zubereitet), 100 g gekochte grüne Bohnen

Zubereitung:

1. Bürste die Portobello-Kappen sauber (nicht unter Wasser waschen)

2. Mit Salz und Pfeffer würzen.

3. Öl in einer großen Pfanne erhitzen, bis es sehr heiß ist, aber nicht ganz raucht.

4. Die Champignons mit der Oberseite nach unten bei starker Hitze ca. 4 Minuten kochen lassen. Dort, wo der Stiel entfernt wurde, sollten kleine Saftlachen auftauchen.

5. Schneide eine Öffnung in eine Pita

6. Das Innere mit Mayonnaise einschlagen.

7. Eine Schicht gekochten Buchweizengrütze (oder Kasha) hineingeben und 1⁄4 der grünen Bohnen hinzufügen.

8. Wiederholen Sie dies mit den restlichen Pitas.

Pesto Pizza

Zubereitungszeit: 15 Min

Schwierigkeitsgrad: leicht

Zutatenliste für 2 Portionen:

4 Pilze, 3 Esslöffel Basilikum und Tomaten-Pesto-Sauce, 1 Pita-Tasche, 100 g geriebener Mozzarella

Zubereitung:

1. Wische die Pilze mit einem feuchten Tuch ab und schneide sie in Scheiben.
2. Die Pesto-Sauce auf der Pita-Tasche verteilen.
3. Die Pilzscheiben auf die Sauce legen.
4. Den Käse darüber streuen.
5. Lege die Pita-Tasche auf einen mikrowellengeeigneten Teller oder ein Papiertuch.
6. Mikrowelle bei starker Hitze für 3-5 Minuten, bis der Käse schmilzt.

Toasties mit Sauce

Zubereitungszeit: 15 Min

Schwierigkeitsgrad: leicht

Zutatenliste für 4 Portionen:

4 Toasties, 4 pochierte Eier (siehe pochiertes Ei Kapitel 1), 1-2 Esslöffel Butter,
1 1⁄2 Esslöffel Allzweckmehl, 800 ml Milch, 50 g Tasse geriebener Parmesankäse, 1 Teelöffel zubereiteter Senf, 1⁄4 TL gemahlene Muskatnuss, Salz und Pfeffer nach Belieben

Zubereitung:

1. Die Toasties halbieren und toasten.

2. Die Butter in einem kleinen Topf bei schwacher Hitze schmelzen.

3. Mehl unterrühren.

4. Bei schwacher Hitze 3 Minuten unter ständigem Rühren kochen.

5. Nach und nach die Milch unterrühren.

6. Den Käse einrühren.

7. Den vorbereiteten Senf, die Muskatnuss sowie Salz und Pfeffer unterrühren.

8. 1 pochiertes Ei auf eine Hälfte eines englischen Muffins legen.

9. 1⁄4 der Sauce auf die andere Hälfte geben und den Toastie schließen.

10. Wiederhole es mit den restlichen Toasties.

Gefüllte Kartoffel

Zubereitungszeit: 20 Min

Schwierigkeitsgrad: mittel

Zutatenliste für 1 Portion:

1 große Backkartoffel, 1 Esslöffel griechischer Joghurt, 1/2 Esslöffel Butter, 1/4 Teelöffel Paprika, 1/8 Teelöffel Salz, Pfeffer nach Geschmack, 2 Teelöffel geriebener Cheddar-Käse

Zubereitung:

1. Wasche die Kartoffel und wische den Schmutz ab.

2. Die Kartoffel an mehreren Stellen mit einer Gabel einstechen.

3. Lege die Kartoffel auf einen Pappteller oder einen mikrowellengeeigneten Teller und stelle sie 3 bis 7 Minuten lang auf hohe Hitze, bis sie gar ist.

4. Lasse die Kartoffel ca. 1 Minute ruhen, bevor du sie aus der Mikrowelle nimmst.

5. Die Kartoffel aufschneiden.

6. Schöpfe vorsichtig den größten Teil der Kartoffel aus.

7. Kartoffelpüree mit Joghurt, Butter, Paprika, Salz und Pfeffer zerdrücken.

8. Den geriebenen Käse darüber streuen.

9. Löffle die Mischung in die Kartoffelschale.

10. In die Mikrowelle für 3-5 Minuten, bis der Käse schmilzt.

Abendessen

Ahorn gebackene Bohnen

Zubereitungszeit: 70 Min

Schwierigkeitsgrad: mittel

Zutatenliste für 6 Portion:

750 g weiße Bohnen, 2 Liter Wasser, 1 Zwiebel (gehackt), 100 ml Ahornsirup, 50 ml Barbecue-Sauce, 2 Esslöffel Melasse, 1 Esslöffel Dijon-Senf, 1 Esslöffel Chilipulver, 1 Teelöffel Paprika, 1⁄2 TL Salz, 3-4 Teelöffel Pfeffer

Zubereitung:

1. Bohnen mit Wasser bedecken und mindestens 8 Stunden oder über Nacht einweichen lassen.

2. Ofen auf 180°C vorheizen.

3. Kombiniere in einem stabilen Topf die Bohnen und die restlichen Zutaten.

4. Auf dem Herd zum Kochen bringen.

5. Decke die Bohnen ab und backe sie 1 1⁄2 Stunden lang unter ein- oder zweimaligem Rühren.

6. Decke auf und koche noch 1 Stunde.

7. Alternativ können die Bohnen bei schwacher Hitze 1,5 – 2 Stunden auf dem Herd gekocht werden.

Gebratenes Pfeffergemüse

Zubereitungszeit: 3-4 Std

Schwierigkeitsgrad: mittel

Zutatenliste für 2 Portion:

1 rote Paprika, 1 orange Paprika, 200 g frische Spinatblätter, 2 Tomaten, 250 g Kichererbsen aus der Dose, 4 Esslöffel Rotweinessig, 2 Teelöffel Zitronensaft, 1 Teelöffel Olivenöl, 1⁄8 Teelöffel (oder nach Geschmack) Knoblauchpulver

Zubereitung:

1. Paprika waschen und trocken tupfen.
2. Spinatblätter waschen und gut abtropfen lassen.
3. Tomaten waschen und in Scheiben schneiden.
4. Lege ein Blatt Aluminiumfolie auf eine Bratpfanne.
5. Brate die Paprikaschoten für 10 Minuten oder bis die Häute geschwärzt sind.
6. Die Paprikaschoten nach 5 Minuten wenden, damit beide Seiten schwarz werden.
7. Aus dem Ofen nehmen, in eine Plastiktüte legen und verschließen.
8. Lasse die Paprikaschoten mindestens 10 Minuten in der Tüte.
9. Entferne die Haut von den geschwärzten Paprikaschoten, schneide sie in zwei Hälften und entferne die Samen.
10. Paprika in lange Streifen schneiden und 2-3 Stunden ziehen lassen.
11. Streifen trocken wischen und in Würfel schneiden.

12. Werfe die Kichererbsen mit dem Rotweinessig, Zitronensaft, Olivenöl und Knoblauchpulver zusammen.

13. Füge die gerösteten Pfefferwürfel, den Spinat und die geschnittenen Tomaten hinzu.

Gebratener Rosenkohl mit Äpfeln

Zubereitungszeit: 20 Min

Schwierigkeitsgrad: leicht

Zutatenliste für 4 Portion:

500 g Rosenkohl (in Viertel geschnitten), 8 ganze Knoblauchzehen (geschält), 2 Esslöffel Olivenöl, 2 Esslöffel Balsamico-Essig, 3-4 Teelöffel Salz, 1⁄2 TL schwarzer Pfeffer, 2 Äpfel (entkernt und gehackt)

Zubereitung:

1. Ofen auf 200 ° C vorheizen.

2. Rosenkohl und Knoblauch in einer Schicht auf einem Backblech anrichten.

3. Mit Olivenöl und Balsamico-Essig beträufeln und mit Salz und Pfeffer würzen.

4. 10–12 Minuten rösten und einmal wenden.

5. Nimm das Blech aus dem Ofen und füge die Äpfel hinzu.

6. Schüttle sie vorsichtig, um sie zu kombinieren.

7. Brate sie dann noch 10 Minuten lang oder bis die Äpfel weich sind, und wende sie erneut.

Spinat mit Pinienkernen und Knoblauch

Zubereitungszeit: 20 Min

Schwierigkeitsgrad: leicht

Zutatenliste für 4 Portion:

50 g Pinienkerne, 2 Esslöffel Olivenöl, 2 Knoblauchzehen (fein gehackt), 500 g gewaschene Spinatblätter (Stiele entfernt), 1⁄2 TL Salz und frisch gemahlener schwarzer Pfeffer, Zitrone

Zubereitung:

1. Röste die Nüsse vorsichtig in einer trockenen Pfanne bei mittlerer Hitze, bis sie anfangen zu bräunen. Beiseitelegen.

2. In einer sehr großen Pfanne das Olivenöl und den Knoblauch bei mittlerer Hitze erhitzen, bis es brutzelt und anfängt zu bräunen.

3. 1⁄3 Spinat und Pinienkerne dazugeben und anbraten, bis der Spinat welk ist und etwas Flüssigkeit austritt.

4. Füge den Rest des Spinats in Chargen hinzu und würze ihn mit Salz und Pfeffer, während er kocht.

5. Mit Zitronenschnitzen servieren.

Sautierte Pilze

Zubereitungszeit: 15 Min

Schwierigkeitsgrad: leicht

Zutatenliste für 2 Portion:

500 g frische Champignons, 1 Esslöffel Olivenöl, 1⁄8 Teelöffel (oder nach Geschmack) Chilipulver

Zubereitung:

1. Reinige die Pilze mit einem feuchten Tuch.
2. Dünn schneiden und die Stiele abschneiden, falls gewünscht.
3. Das Olivenöl in der Pfanne erhitzen.
4. Die Pilze flach in die Pfanne legen.
5. Bei mittlerer Hitze kochen, bis das meiste Öl absorbiert ist, ca. 3-5 Minuten.
6. Chilipulver einrühren. Die Champignons bei mittlerer Hitze 2-3 Minuten lang unter häufigem Rühren kochen oder bis sie braun sind. Heiß servieren.

Gedämpfter Brokkoli

Zubereitungszeit: 20 Min

Schwierigkeitsgrad: leicht

Zutatenliste für 2 Portion:

100 g Brokkoli, Wasser nach Bedarf

Zubereitung:

1. Brokkoli waschen und abtropfen lassen.
2. Den Brokkoli in mundgerechte Stücke schneiden.
3. Fülle einen mittelgroßen Topf mit Wasser.
4. Stellen Sie einen Metalldämpfer in die Pfanne.
6. Stelle sicher, dass das Wasser nicht den Boden des Dampfgarers berührt.
7. Das Wasser zum Kochen bringen.
8. Wenn das Wasser kocht, die Brokkolistücke in den Dampfgarer geben.
9. Abdecken und ca. 10 Minuten dünsten, bis der Brokkoli weich ist.
10. Abgießen und servieren.

Brokkoliröschen mit Zitronenbuttersauce

Zubereitungszeit: 30 Min

Schwierigkeitsgrad: mittel

Zutatenliste für 4 Portion:

2 kleine Schalotten (fein gehackt), 50 ml Weißwein, Saft von 1 Zitrone, 100 g Butter (in kleine Stücke geschnitten), Salz und weißer Pfeffer, 1 großer Kopfbrokkoli (in Röschen zerbrochen)

Zubereitung:

1. Schalotten, Wein und die Hälfte des Zitronensaftes bei mittlerer Hitze in einen kleinen Topf geben.

2. Köcheln lassen, bis es fast trocken ist.

3. Reduziere die Hitze auf einen sehr niedrigen Wert und rühre ein paar kleine Butterstücke hinein, wobei du sie mit einem Schneebesen einrührst, bis sie größtenteils geschmolzen sind.

4. Füge nach und nach die restliche Butter hinzu und verquirle sie ständig, bis alles verbraucht ist und die Sauce glatt ist. Niemals kochen.

5. Die Sauce mit Salz, weißem Pfeffer und restlichem Zitronensaft abschmecken.

6. An einem warmen Ort aufbewahren, jedoch nicht über einer Flamme.

7. Den Brokkoli waschen und in 4 Liter schnell kochendem Salzwasser kochen.

8. Abgießen und mit Zitronenbuttersauce servieren.

Grüne Bohnen in der Mikrowelle

Zubereitungszeit: 10 Min

Schwierigkeitsgrad: leicht

Zutatenliste für 2 Portion:

100 g frische grüne Bohnen, 100 ml Gemüsebrühe

Zubereitung:

1. Die grünen Bohnen unter kaltem, fließendem Wasser abspülen.
2. Abtropfen lassen und trocken tupfen.
3. Die grünen Bohnen in eine mikrowellengeeignete Schüssel geben und mit der Gemüsebrühe bedecken.
4. Bei starker Hitze 2 Minuten kochen lassen oder bis sie knusprig und hellgrün sind.
5. Auf Wunsch mit Butter, Margarine oder Sojasauce servieren.

Fruchtige Schneeerbsen

Zubereitungszeit: 10 Min

Schwierigkeitsgrad: leicht

Zutatenliste für 2 Portion:

150 g frische Erbsen, 1/2 Tasse Fruchtcocktailsaft aus der Dose

Zubereitung:

1. Spüle die Erbsen unter kaltem, fließendem Wasser ab.
2. Abtropfen lassen und trocken tupfen.
3. Schneide die Erbsen.
4. Lege die Erbsen in eine flache, mikrowellengeeignete Schüssel und gib den Fruchtcocktailsaft hinzu.
5. 2 Minuten lang in die Mikrowelle bei starker Hitze oder bis die Erbsen knusprig und hellgrün sind.
6. Heiß oder gekühlt servieren.

Im Ofen geröstete Pilze

Zubereitungszeit: 20 Min

Schwierigkeitsgrad: mittel

Zutatenliste für 4 Portion:

500 g Cremini Pilze, 1 Esslöffel Olivenöl, 1 Teelöffel getrockneter Thymian,
1/2 TL Salz, Prise zerquetschte rote Pfefferflocken, 1 Tasse italienische Petersilie (gehackt), 1 Teelöffel Balsamico-Essig

Zubereitung:

1. Ofen auf 200°C vorheizen.

2. In einer Schüssel Champignons, Olivenöl, Thymian, Salz und Paprikaflocken vermengen.

3. In einer Schicht in eine Bratpfanne geben.

4. In der Mitte des Pfanne 30 Minuten braten, bis alles schön gebräunt ist.

5. Mit Petersilie und Essig vermengen.

6. Heiß oder bei Raumtemperatur servieren.

Selbst gemachter Mais

Zubereitungszeit: 15 Min

Schwierigkeitsgrad: leicht

Zutatenliste für 2 Portion:

1 Esslöffel vegane Margarine, 1 Tasse gefrorene Maisniblets, 1⁄4 Tasse Magermilch, 1 Teelöffel Kristallzucker, Salz und Pfeffer nach Belieben, 1 Teelöffel Maisstärke

Zubereitung:

1. Die Margarine bei schwacher Hitze in einem mittelgroßen Topf schmelzen.

2. Füge den Mais, die Milch, den Zucker und das Salz und den Pfeffer hinzu.

3. Erhöhe die Hitze auf mittel und bringen Sie sie zum Kochen, wobei du ständig umrührst.

4. Hitze reduzieren und unter ständigem Rühren weitere 5 Minuten köcheln lassen.

5. Schiebe den Mais an die Seiten der Pfanne.

6. Erhöhe die Hitze auf einen mittleren Wert und gib die Maisstärke unter ständigem Rühren in die Pfannenmitte.

7. Stelle sicher, dass keine Klumpen vorhanden sind.

8. Rühre den Mais.

9. Heiß servieren.

Milchfreier Rahmspinat und Champignons

Zubereitungszeit: 20 Min

Schwierigkeitsgrad: leicht

Zutatenliste für 4 Portion:

1⁄2 Zwiebel (gewürfelt), 2 Knoblauchzehen (gehackt), 300 g geschnittene Champignons, 2 Esslöffel Olivenöl, 1 Esslöffel Mehl, 2 Bund frischer Spinat, (angeschnitten), 250 ml Sojamilch, 1 Esslöffel vegane Margarine, 1⁄4 TL Muskatnuss, Salz und Pfeffer nach Belieben

Zubereitung:

1. Zwiebel, Knoblauch und Champignons in Olivenöl 3-4 Minuten anbraten.
2. Mehl hinzufügen und unter ständigem Rühren 1 Minute erhitzen.
3. Reduziere die Hitze auf mittlere Stufe und füge Spinat und Sojamilch hinzu.
4. 8–10 Minuten ohne Deckel kochen, bis der Spinat weich ist und die Flüssigkeit eingedrungen ist.
5. Die restlichen Zutaten einrühren und mit Salz und Pfeffer abschmecken.

Gerösteter Knoblauch Kartoffelbrei

Zubereitungszeit: 60 Min

Schwierigkeitsgrad: leicht

Zutatenliste für 6 Portion:

1 ganzer Knoblauch, 2 Esslöffel Olivenöl, 6 Kartoffeln (gekocht), 2 Esslöffel vegane Margarine, 100 ml Sojamilch, Meersalz und Pfeffer nach Geschmack

Zubereitung:

1. Ofen auf 200°C vorheizen.
2. Entferne die äußere Hautschicht vom Knoblauchkopf.
3. Großzügig mit Olivenöl beträufeln, in Alufolie einwickeln und auf ein Backblech legen.
4. 30 Minuten im Ofen braten.
5. Die Nelken vorsichtig aus der Schale drücken und mit einer Gabel glatt pürieren.
6. Kombiniere mit einem Mixer oder einem Kartoffelstampfer, gerösteten Knoblauch mit Kartoffeln und Margarine, bis eine glatte oder gewünschte Konsistenz vorliegt.
7. Großzügig mit Salz und Pfeffer würzen.

Einfache vegetarische Pfanne

Zubereitungszeit: 15 Min

Schwierigkeitsgrad: leicht

Zutatenliste für 1 Portion:

2 Teelöffel Kokosöl, 1 Tasse tiefgefrorene Pfannengemüsemischung,

2 Esslöffel zubereitete Bratensauce (natriumarm)

Zubereitung:

1. Das Kokosöl in einer Pfanne erhitzen.

2. Das tiefgefrorene Gemüse hinzufügen.

3. Bei mittlerer bis starker Hitze mindestens 5 Minuten lang unter ständigem Rühren kochen, bis das Gemüse hell und zart ist.

4. Rühre die Pfannensauce ein.

5. Durchrühren und heiß servieren.

Orange und Ingwer gemischt-Veggie Rühren-Braten

Zubereitungszeit: 20 Min

Schwierigkeitsgrad: leicht

Zutatenliste für 4 Portion:

3 Esslöffel Orangensaft, 1 Esslöffel Apfelessig, 2 Esslöffel Sojasauce, 2 Esslöffel Wasser, 1 Esslöffel Ahornsirup, 1 Teelöffel Ingwerpulver, 2 Knoblauchzehen(gehackt), 2 Esslöffel Öl, 1 Bund Brokkoli (gehackt), 1⁄2 Tasse geschnittene Champignons, 1⁄2 Tasse Erbsen (gehackt), 1 Karotte (in Scheiben geschnitten), 250 g gehackter Kohl

Zubereitung:

1. Orangensaft, Essig, Sojasauce, Wasser, Ahornsirup und Ingwer verquirlen.

2. Knoblauch in Öl erhitzen und Gemüse hinzufügen.

3. Unter häufigem Rühren 2-3 Minuten bei starker Hitze kochen lassen, bis es gerade anfängt, zart zu werden.

4. Sauce hinzufügen und Hitze reduzieren.

5. Unter häufigem Rühren noch 3–4 Minuten köcheln lassen oder bis das Gemüse gar ist.

Gebackene Paprika und Zwiebeln

Zubereitungszeit: 40 Min

Schwierigkeitsgrad: leicht

Zutatenliste für 4 Portionen:

5 mittelgrüne Paprikaschoten, 500 g kleine rote Kartoffeln, 1 große gelbe Zwiebel, 50 ml natives Olivenöl, Salz und frisch gemahlener schwarzer Pfeffer

Zubereitung:

1. Ofen auf 200 °C vorheizen.
2. Die Paprikaschoten waschen und in 2,5 cm große Stücke schneiden.
3. Die Kartoffeln schrubben und in Scheiben oder Stücke schneiden.
4. Zwiebel schälen und in Stücke schneiden.
5. Alles in eine flache Auflaufform geben.
6. Gieße das Olivenöl über das Gemüse, um es zu beschichten.
7. Mit Salz und viel Pfeffer bestreuen.
8. Etwa 30 Minuten backen, bis die Kartoffeln weich sind.

Geschmorter Mangold

Zubereitungszeit: 30 Min

Schwierigkeitsgrad: leicht

Zutatenliste für 4 Portionen:

1 großes Bündel Mangold, 1 Tasse starke Gemüsebrühe, Salz und frisch gemahlener schwarzer Pfeffer abschmecken, 1 Esslöffel Olivenöl, 2 mittelgroße Schalotten (fein gehackt, 1 Esslöffel ungesalzene Butter, Zitronenscheiben

Zubereitung:

1. Wasche den Mangold gründlich unter fließendem Wasser und schüttle ihn trocken.

2. Reiße die Teile mit den Händen von den Stielen ab.

3. Beiseite legen.

4. Schneide die Stiele in mundgerechte Stücke.

5. In einer nicht mit Teflon beschichteten Pfanne die Brühe zum Kochen bringen.

6. Füge die Stielstücke hinzu.

7. Mit Salz und Pfeffer würzen

8. Kochen bis es zart ist.

9. Übertrage sie in eine Schüssel oder einen Teller und bewahre die Kochflüssigkeit auf.

10. Wische die Pfanne aus.

11. Lege die Pfanne auf den Herd und füge das Olivenöl und die Schalotten hinzu.

12. 1 Minute kochen, bis sie brutzeln und etwas weicher werden.
13. Füge die Mangoldblätter hinzu, und koche nur, bis sie welken.
14. Füge die Stiele und 2 Esslöffel Kochflüssigkeit hinzu.
15. Zum Kochen bringen und die Butter einrühren.
16. Mit Zitronenschnitzen servieren.

Gesüßter Bratenkürbis

Zubereitungszeit: 60 Min

Schwierigkeitsgrad: mittel

Zutatenliste für 4 Portionen:

1 Butternusskürbis, 1⁄2 Teelöffel Meersalz, 4 Esslöffel Orangensaft, 4 Esslöffel Ahornsirup, Muskat oder Ingwer nach Geschmack

Zubereitung:

1. Ofen auf 200°C vorheizen.

2. Den Kürbis in Viertel schneiden und die Samen herauskratzen.

3. In eine große Auflaufform geben.

4. Sprenkle jedes Stück Kürbis mit etwas Meersalz, 1 Teelöffel Orangensaft und 1 Esslöffel Ahornsirup, dann einem Schuss Muskatnuss oder Ingwer.

6. Mit Folie bedecken und 40–45 Minuten backen, bis der Kürbis weich ist.

7. Ein- oder zweimal mit einer zusätzlichen Sauce begießen.

8. Mit Getreide und Eiweiß für eine ausgewogene Mahlzeit servieren.

Karamellisierte Babykarotten

Zubereitungszeit: 15 Min

Schwierigkeitsgrad: leicht

Zutatenliste für 4 Portion:

900 g Baby-Karotten, 1 Teelöffel Zitronensaft, 2 Esslöffel vegane Margarine,
1 Esslöffel brauner Zucker, 1⁄4 TL Meersalz oder nach Geschmack

Zubereitung:

1. Möhren in Wasser leicht köcheln lassen, ca. 8–10 Minuten; nicht verkochen.

2. Abgießen und mit Zitronensaft beträufeln.

3. Karotten, Margarine, braunen Zucker und Meersalz unter häufigem Rühren zusammen erhitzen, bis die Glasurformen und die Karotten gut überzogen sind (ca. 5 Minuten).

Zitronen-Minze-Frühkartoffeln

Zubereitungszeit: 15 Min

Schwierigkeitsgrad: leicht

Zutatenliste für 6 Portionen:

10 kleine neue Kartoffeln gehackt, 4 Knoblauchzehen gehackt, 1 Esslöffel Olivenöl, 1⁄4 Tasse gehackte Minze, Salz und Pfeffer abschmecken, 2 Teelöffel Zitronensaft

Zubereitung:

1. Ofen auf 180°C vorheizen.
2. Backblech mit Backpapier auslegen oder leicht einfetten.
3. In einer großen Schüssel die Kartoffeln mit Knoblauch, Olivenöl und Minze vermischen und die Kartoffeln gut überziehen.
4. Kartoffeln in einer Schicht auf ein Backblech legen.
5. 45 Minuten rösten.
6. Mit Salz und Pfeffer würzen und kurz vor dem Servieren mit Zitronensaft beträufeln.

Knoblauchbrot

Zubereitungszeit: 30 Min

Schwierigkeitsgrad: leicht

Zutatenliste für 8 Portionen:

1 Laib italienisches Brot, 3 Esslöffel Olivenöl, 2 Knoblauchzehen (fein gehackt) (ca. 1 Esslöffel)

Zubereitung:

1. Ofen auf 180 ° C vorheizen.

2. Brot seitlich aufteilen.

3. Das Olivenöl mit dem gehackten Knoblauch verquirlen.

4. Mit einer Bürste oder einem Gummispachtel beide geschnittenen Seiten des Brotes großzügig mit Knoblauchöl einreiben.

5. Die Knoblauchbrothälften auf ein Blech oder eine Auflaufform legen und in der Mitte des Ofens etwa 20 Minuten lang knusprig und leicht gebräunt backen.

6. Jede Seite des Brotes in 4 Stücke schneiden und servieren.

Schnittlauchknödel

Zubereitungszeit: 60 Min

Schwierigkeitsgrad: mittel

Zutatenliste für 6 Portionen:

500 g fein gewürfelter fester Tofu, 100 g fein gehackter Schnittlauch, 1 Teelöffel Zucker, 1 Teelöffel asiatische Chili-Sauce, 1 Eiweiß (geschlagen),
1 Esslöffel Sojasauce, 1 Teelöffel Sesamöl, 1 Packung WanTon Wraps

Zubereitung:

1. Tofu, Schnittlauch, Zucker, Chilisauce, bis auf 1 Teelöffel Eiweiß, Sojasauce und Sesamöl mischen.

2. 2 Teelöffel Füllung auf einen Wan-tan-Teig geben.

3. Benutze deinen Finger, um den Rand der Wan-Tan-Wraps leicht mit etwas restlichem Eiweiß zu befeuchten.

4. Falte 2 gegenüberliegende Ecken der Wraps zusammen, um eine Dreiecksform zu bilden.

5. Versiegeln Sie die Kanten, indem Sie sie mit den Fingern fest zusammendrücken.

6. Wiederhole den Vorgang mit der restlichen Füllung und den Wan-Tan-Wraps und mache so viele dreieckige Knödel, wie es die Füllung erlaubt.

7. Lege sie auf einen mit Maisstärke bestäubten Teller.

8. 3 Liter Wasser schnell aufkochen lassen.

9. Koche die Knödel in Chargen. Mit einer Knödelsoße servieren.

Vollkornnudeln mit Basilikum und Tomatenpesto

Zubereitungszeit: 40 Min

Schwierigkeitsgrad: leicht

Zutatenliste für 2 Portionen:

250 g Rigatoni-Nudeln, 30 g frische Basilikumblätter, 3 Knoblauchzehen, 1 große Tomate, 50 g Pinienkerne, 50 g geriebener Parmesan, 30 ml Olivenöl

Zubereitung:

1. Die Nudeln in kochendem Salzwasser kochen, bis sie zart und dennoch fest sind (al dente).

2. Abgießen.

3. Hacke die Basilikumblätter.

4. Den Knoblauch zerdrücken, schälen und hacken.

5. Die Tomate waschen, hacken und den Saft aufbewahren.

6. Knoblauch und Pinienkerne in einer Küchenmaschine verarbeiten.

7. Füge nacheinander die Tomaten- und Basilikumblätter hinzu und verarbeite sie.

8. Füge langsam das Olivenöl hinzu und setze die Verarbeitung fort, bis das Pesto cremig ist.

9. Füge den geriebenen Parmesankäse hinzu.

10. Gieße die Hälfte der Pesto-Sauce über die gekochten Nudeln.

11. Lagere die restliche Pesto-Sauce bis zu 7 Tage in einem verschlossenen Behälter im Kühlschrank.

Vegetarische Lasagne

Zubereitungszeit: 50 Min

Schwierigkeitsgrad: mittel

Zutatenliste für 2 Portionen:

100 g zerdrückte Tomaten, 80 g Ricotta-Käse, 80 g geriebener Mozzarella, 1 Esslöffel geriebener Parmesan, 1/8 Teelöffel getrockneter Oregano, 1/8 Teelöffel getrocknetes Basilikum, 6 ofenfertige Lasagneplatten

Zubereitung:

1. Die zerdrückten Tomaten in eine Schüssel geben.

2. Ricotta, Mozzarella und Parmesan unterrühren.

3. Stelle sicher, dass jeder Käse gut durchmischt ist, bevor du den nächsten hinzufügst.

4. Oregano und Basilikum einrühren.

5. Legen Sie 2 Lasagneplatten in eine große Schüssel oder eine kleine mikrowellengeeignete Auflaufform.

6. Breche die Nudeln in zwei Hälften oder nach Bedarf, um sie an die Form des Gerichts anzupassen.

7. Etwa 1/3 der Tomatensauce-Käse-Mischung gleichmäßig darüber verteilen.

8. Wiederhole die Überlagerung noch 2 Mal.

9. Decke die Schüssel mit Wachspapier.

10. Mikrowelle bei starker Hitze für 3 Minuten.

11. Dreh die Schüssel und stelle die Mikrowelle für weitere 3 bis 5 Minuten auf hohe Hitze, bis der Käse schmilzt ist.

Einfacher gebratener Reis

Zubereitungszeit: 30 Min

Schwierigkeitsgrad: leicht

Zutatenliste für 2 Portionen:

1 großes Ei, Salz und Pfeffer nach Belieben, 1 grüne Zwiebel, 1 Esslöffel Kokosöl, 250 g gekochter brauner Reis, 100 g gefrorene Erbsen

Zubereitung:

1. Das Ei mit einer Gabel leicht schlagen.
2. Salz und Pfeffer einrühren und beiseite stellen.
3. Frühlingszwiebeln waschen und würfeln.
4. Das Pflanzenöl in einer Pfanne bei mittlerer Hitze erhitzen.
5. Füge den Reis hinzu und koche ihn. Zwischenzeitlich umrühren.
6. Schiebe den Reis an den Rand der Pfanne.
7. Füge das geschlagene Ei in der Mitte hinzu.
8. Verwende einen Spatel, um das Ei zu rühren.
9. Das Rührei mit dem Reis mischen.
10. Die gefrorenen Erbsen unterrühren.
11. Die grüne Zwiebel einrühren und 2-3 Minuten kochen, bis sie durchgeheizt ist.
12. Füge mehr Salz, Pfeffer oder andere Gewürze hinzu, wenn gewünscht wird.

Nudeln mit Spinat

Zubereitungszeit: 60 Min

Schwierigkeitsgrad: leicht

Zutatenliste für 2 Portionen:

500 g Eiernudeln, 2 Knoblauchzehen, 1 Tomate, 1 Esslöffel Olivenöl, 250 g aufgetauter gefrorener Spinat, 2 Esslöffel geriebener Parmesan, 1⁄4 TL Meersalz

Zubereitung:

1. Koche die Nudeln gemäß den Anweisungen in der Packung.
2. Gut abtropfen lassen.
3. Knoblauchzehen zerdrücken, schälen und hacken.
4. Die Tomate in Scheiben schneiden.
5. Öl in einer Pfanne bei mittlerer Hitze erhitzen.
6. Füge den Knoblauch und die Tomate hinzu.
7. Kurz kochen lassen, die Hitze hochdrehen und die Nudeln hinzufügen.
8. Den Spinat einrühren.
9. Sehr kurz kochen, den Spinat mit den Nudeln mischen und vom Herd nehmen.
10. Parmesankäse unterrühren.
11. Nach Belieben mit Salz würzen.

Kokosnussreis

Zubereitungszeit: 25 Min

Schwierigkeitsgrad: leicht

Zutatenliste für 4 Portionen:

250 ml Wasser, 400 ml Kokosmilch, 500 g weißer Reis, 100 g Kokosflocken,
1 Teelöffel Limettensaft, 1⁄2 TL Salz

Zubereitung:

1. In einem großen Topf Wasser, Kokosmilch und Reis mischen und zum Kochen bringen.

2. Abdecken und 20 Minuten kochen lassen, bis der Reis fertig ist.

3. In einer separaten Pfanne die Kokosflocken bei schwacher Hitze ca. 3 Minuten lang leicht goldbraun rösten.

4. Ständig vorsichtig umrühren, um Verbrennungen zu vermeiden.

5. Kombiniere Kokosflocken mit gekochtem Reis und rühre Limettensaft und Salz ein.

Italienischer Reissalat

Zubereitungszeit: 40 Min

Schwierigkeitsgrad: leicht

Zutatenliste für 6 Portionen:

100 ml Rotweinessig, 1 Esslöffel Balsamico-Essig, 2 Teelöffel Dijon-Senf,
50 ml Olivenöl, 4 Knoblauchzehen (gehackt), 1 Teelöffel Basilikum,
90 g gehackte frische Petersilie, 500 g Reis (gekocht), 250 g grüne Erbsen,
1 Karotte (gerieben), 150 g geröstete rote Paprikaschoten (gehackt),
100 g grüne Oliven (in Scheiben geschnitten), Salz und Pfeffer

Zubereitung:

1. Rotweinessig, Balsamico-Essig, Dijon-Senf, Olivenöl, Knoblauch, Basilikum und Petersilie verquirlen oder schütteln.

2. Reis mit den restlichen Zutaten in einer großen Schüssel vermengen.

3. Mit Dressing mischen und gut bestreichen.

4. Probieren und mit etwas Salz und Pfeffer abschmecken.

5. Vor dem Servieren mindestens 30 Minuten kaltstellen, damit die Aromen erstarren, und kurz vor dem Servieren erneut vorsichtig umrühren.

Fünf Minuten veganer Nudelsalat

Zubereitungszeit: 60 Min

Schwierigkeitsgrad: leicht

Zutatenliste für 6 Portionen:

800 g Nudeln gekocht, 100 ml veganes, italienisches Salatdressing, 3 gehackte Schalotten, 100 g geschnittene schwarze Oliven, 1 Tomate (gehackt), 1 Avocado (gewürfelt), Salz und Pfeffer

Zubereitung:

1. Alle Zutaten zusammengeben.

2. Vor dem Servieren mindestens 1 Stunde abkühlen lassen, wenn die Zeit es zulässt, damit sich die Aromen vereinen können.

Grundlegende Tofu-Lasagne

Zubereitungszeit: 30 Min

Schwierigkeitsgrad: leicht

Zutatenliste für 6 Portionen:

500 g Tofu, 500 g Block Seidentofu, 50 g Hefe, 1 Esslöffel Zitronensaft, 1 Esslöffel Sojasauce (natriumarm), 1 Teelöffel Knoblauchpulver, 2 Teelöffel Basilikum, 3 Esslöffel gehackte, frische Petersilie, 1⁄2 TL Salz, 800 ml Spaghetti-Sauce (natriumarm), 500 g-Paket Lasagne-Nudeln (gekocht)

Zubereitung:

1. Ofen auf 180 ° C vorheizen.

2. In einer großen Schüssel den festen Tofu, den seidenen Tofu, die Nährhefe, den Zitronensaft, die Sojasauce, das Knoblauchpulver, das Basilikum, die Petersilie und das Salz zerdrücken, bis sie sich wie Ricotta vermischen.

3. Um die Lasagne zuzubereiten, verteile ca. 2⁄3 Tassen Spaghetti-Sauce auf dem Boden einer Lasagne-Pfanne und füge dann eine Schicht Nudeln hinzu.

4. Die Tofumischung auf die Nudeln verteilen und eine weitere Schicht Sauce auftragen.

5. Lege eine zweite Schicht Nudeln darauf, gefolgt von dem restlichen Tofu und mehr Sauce.

6. Mit einer dritten Schicht Nudeln und dem Rest der Sauce abrunden.

7. Abdecken und 25 Minuten backen.

Einfache Pad Thai Nudeln

Zubereitungszeit: 30 Min

Schwierigkeitsgrad: leicht

Zutatenliste für 6 Portionen:

500 g dünne Reisnudeln, 50 g Tahini, 50 ml Ketchup, 50 ml Sojasauce (natriumarm), 2 Esslöffel Reisessig, 3 Esslöffel Limettensaft, 2 Esslöffel Zucker, 3⁄4 Teelöffel zerkleinerte Paprikaflocken, 1 Block fester Tofu (klein gewürfelt), 3 Knoblauchzehen, 50 ml Pflanzenöl, 4 gehackte Schalotten, 1⁄2 TL Salz

Zubereitung:

1. Lege die Nudeln in heißes Wasser und lege sie beiseite, bis sie weich sind (ca. 5 Minuten).

2. Tahini, Ketchup, Sojasauce, Essig, Limettensaft, Zucker und Paprikaflocken verquirlen.

3. In einer großen Pfanne den Tofu und den Knoblauch in Öl anbraten, bis der Tofu leicht goldbraun ist.

4. Die abgetropften Nudeln unter Rühren zugeben und 2-3 Minuten braten.

5. Reduziere die Hitze auf mittel und füge die Tahinimischung hinzu, wobei du alles gut umrührst.

6. 3–4 Minuten kochen lassen, bis alles gut vermischt und durchgewärmt ist.

7. Füge Schalotten und Salz hinzu und erhitze es noch 1 Minute.

8. Zwischenzeitlich umrühren.

Erdnussbutter-Nudeln

Zubereitungszeit: 30 Min

Schwierigkeitsgrad: leicht

Zutatenliste für 6 Portionen:

500 g asiatische Nudeln, 80 g natürliche Erdnussbutter, 100 ml Wasser, 3 Esslöffel Sojasauce (natriumarm), 2 Esslöffel Limettensaft, 2 Esslöffel Reisessig, 1 Esslöffel Sesamöl, 1⁄2 TL Ingwerpulver, 1 Teelöffel Zucker, 1⁄2 Teelöffel zerkleinerte Paprikaflocken

Zubereitung:

1. Bereite die Nudeln gemäß den Anweisungen in der Verpackung vor und lege sie beiseite.

2. Die restlichen Zutaten bei schwacher Hitze etwa 3 Minuten lang verquirlen.

3. Servieren.

Asiatische Sesam-Tahini-Nudeln

Zubereitungszeit: 15 Min

Schwierigkeitsgrad: leicht

Zutatenliste für 8 Portionen:

500 g asiatische Nudeln, 100 g Tahini , 90 ml Wasser, 2 Esslöffel Sojasauce, 1 Knoblauchzehe, 2 Teelöffel frischer Ingwer gehackt, 2 Esslöffel Reisessig, 2 Teelöffel Sesamöl, 1 rote Paprika (in dünne Scheiben geschnitten),
3 gehackte Schalotten, 800 g Erbsen gehackt, 1⁄4 Teelöffel zerkleinerte Paprikaflocken

Zubereitung:

1. Nudeln nach Packungsanweisung kochen

2. Gut abtropfen lassen.

3. Tahini, Wasser, Sojasauce, Knoblauch, Ingwer und Reisessig verquirlen oder vermengen.

4. In einer großen Pfanne Sesamöl, Paprika, Frühlingszwiebeln und Erbsen 2-3 Minuten erhitzen.

5. Füge Tahinisoße und Nudeln hinzu und rühre gut um, um alles zu vermischen.

6. Bei schwacher Hitze kochen, bis sie aufgeheizt sind, ca. 2-3 Minuten.

7. Nach Belieben mit zerkleinerten Paprikaflocken garnieren.

Hausgemachter Knoblauch und Kräutergnocchi

Zubereitungszeit: 30 Min

Schwierigkeitsgrad: mittel

Zutatenliste für 6 Portionen:

2 große Kartoffeln, 3-4 TL Knoblauchpulver, 1⁄2 Teelöffel getrocknetes Basilikum, 1⁄2 TL getrocknete Petersilie, 3-4 Teelöffel Salz, 400 g Allzweckmehl, 1 L Wasser

Zubereitung:

1. Kartoffeln backen, bis sie fertig sind, ca. 50 Minuten bei 250 ° C.

2. Auskühlen lassen und die Haut abziehen.

3. Kartoffeln mit einer Gabel mit Knoblauchpulver, Basilikum, Petersilie und Salz zerdrücken, bis die Kartoffeln vollständig glatt und ohne Klumpen sind.

4. Auf eine bemehlte Arbeitsfläche die Hälfte des Mehls legen und die Kartoffeln darauflegen.

5. Verwende deine Hände, um das Mehl in die Kartoffeln zu arbeiten, um einen Teig zu bilden.

6. Füge nur so viel Mehl hinzu, wie für die Herstellung eines Teigs erforderlich ist.

7. Glatt kneten.

8. Rolle ein Teigseil aus. In Stücke schneiden und vorsichtig gegen eine Gabel rollen, um Rillen im Teig zu bilden. Dadurch bleibt die Sauce am Teig haften.

9. Gnocchi 2–3 Minuten in kochendem Wasser kochen, bis sie an der Oberfläche aufsteigen. Sofort servieren.

Zucchini und frischer Basilikum Pomodoro

Zubereitungszeit: 30 Min

Schwierigkeitsgrad: leicht

Zutatenliste für 6 Portionen:

2 Zucchini (in Scheiben geschnitten), 4 Knoblauchzehen (gehackt), 2 Esslöffel Olivenöl, 4 große Tomaten (gewürfelt), 50 g gehacktes frisches Basilikum,
2 Tassen zubereitete Engelshaarteigwaren, Salz und Pfeffer zum abschmecken

Zubereitung:

1. Erhitze Zucchini und Knoblauch bei schwacher Hitze in Olivenöl für 1–2 Minuten oder bis die Zucchini nur noch leicht aufgeweicht ist.

2. Tomaten dazugeben und weitere 4–5 Minuten kochen lassen.

3. Werfe Zucchini, Tomaten mit Basilikum und Nudeln zusammen und würze mit Salz und Pfeffer nach Belieben.

Mexikanischer Reis

Zubereitungszeit: 40 Min

Schwierigkeitsgrad: mittel

Zutatenliste für 6 Portionen:

500 g langkörniger weißer Reis, 1 große Tomate (geschält, entkernt und gehackt), 1⁄3 weiße Zwiebel (grob gehackt), 1 Knoblauchzehe (geschält und grob gehackt), 50 ml Distelöl, 900 ml Gemüsebrühe, 2 Teelöffel Salz, 1⁄2 Karotte (geschält und fein gehackt), 50 g gefrorene grüne Erbsen

Zubereitung:

1. Reis 15 Minuten in heißem Wasser einweichen.
2. Spülen und abtropfen lassen.
3. Tomaten, Zwiebeln und Knoblauch in einem Mixer pürieren.
4. In einem großen Topf bei mittlerer Hitze den Reis im Öl braten, bis er eine hellgoldene Farbe annimmt (ca. 10 Minuten).
5. Überschüssiges Öl abschütten.
6. Tomatenmark einrühren und ca. 3 Minuten fast trocken garen.
7. Brühe, Salz, Karotten und Erbsen hinzufügen.
8. Abdecken und bei schwacher Hitze 18 Minuten köcheln lassen.
9. Flüssigkeit sollte absorbiert und Reis zart sein.
10. Vom Herd nehmen und 5 Minuten ruhen lassen, dann mit einer Gabel aufschlagen.

Einfaches Gemüserisotto

Zubereitungszeit: 35 Min

Schwierigkeitsgrad: mittel

Zutatenliste für 8 Portionen:

2 Liter Gemüsebrühe, 2 Esslöffel Olivenöl, 1 Zwiebel (grob gehackt), 500 g kurzkörniger italienischer Reis für Risotto, 100 ml trockener Weißwein, 350 g geriebener Parmesan, 500 g gefrorenes Mischgemüse, Salz und frisch gemahlener schwarzer Pfeffer, 1 Esslöffel ungesalzene Butter

Zubereitung:

1. Die Brühe erhitzen, aber nicht kochen lassen.

2. Das Öl separat in einem Topf mit starkem Boden bei mittlerer Hitze erhitzen.

3. Füge die Zwiebel hinzu und koche sie bis sie lichtdurchlässig wird, ungefähr 5 Minuten.

4. Rühre den Reis unter und mische ihn mit einem Holzlöffel, bis der Reis gut bedeckt ist und nach etwa 5 Minuten die Farbe verändert.

5. Füge den Weißwein hinzu; kochen, bis der gesamte Wein aufgenommen ist.

6. Beginne mit dem Hinzufügen der heißen Brühe in Schritten von 1 Tasse und rühre jedes Mal, bis die gesamte Flüssigkeit aufgenommen ist, bevor du die nächste Tasse hinzufügst, bis der Reis weich und cremig ist und du nur noch 1 Tasse Flüssigkeit übrig hast.

7. Käse, Gemüse, Salz, Pfeffer und Butter unterheben.

8. Rühren, bis alles gut vermischt ist.

9. Vom Herd nehmen und servieren.

Gebratener Reis mit Erbsen und Ei

Zubereitungszeit: 40 Min

Schwierigkeitsgrad: mittel

Zutatenliste für 4 Portionen:

2 Esslöffel Erdnussöl, 3 Eier (geschlagen), 2 Esslöffel gehackter Ingwer, 2 Esslöffel gehackter Knoblauch, 100 g gehackte Schalotten, 800 g gekochter weißer Reis, 300 g gefrorene grüne Erbsen, 1 Esslöffel Sojasauce

Zubereitung:

1. Erhitze eine Pfanne mit ein paar Tropfen Öl bei mittlerer Hitze.

2. Eier hinzufügen.

3. Ohne Rühren kochen, bis alles vollständig durchgegart ist, ca. 3 Minuten.

4. Schiebe die gekochte Eischicht auf ein Schneidebrett. 5 Minuten abkühlen lassen.

5. Das Ei in einen Zylinder rollen und zu einer langen Julienne kreuzen.

6. Erhitze das Öl in einer großen Pfanne oder einem Wok.

7. Füge den Ingwer, den Knoblauch und die Schalotten hinzu und koche es für 1 Minute; sie sollten zischen.

8. Den Reis dazugeben.

9. Bei starker Hitze den Reis hacken und umrühren, um etwaige Klumpen aufzubrechen.

10. Kochen, bis es sehr heiß ist, der Reis bildet knusprige Stücke, ungefähr 5 Minuten.

11. Füge die Erbsen hinzu.

12. Rühre dann das Ei und die Sojasoße ein.

13. Mit gehackten Frühlingszwiebeln garnieren.

Wildreis mit Äpfeln und Mandeln

Zubereitungszeit: 35 Min

Schwierigkeitsgrad: leicht

Zutatenliste für 4 Portionen:

100 g Wildreis, 100 g geschälte Mandeln (ganz oder in Splittern), 1 Esslöffel Öl, 1 große Zwiebel (grob gehackt), 1 Apfel (geschält, entkernt und gewürfelt),
50 g Rosinen, Salz und frisch gemahlener schwarzer Pfeffer, 1 Esslöffel Olivenöl, 50 g gehackte Petersilie

Zubereitung:

1. Koche den Reis in 2 1/2 Liter Salzwasser, bis er weich ist, ungefähr 40 Minuten.

2. abtropfen lassen, spart Kochflüssigkeit.

3. Die Mandeln bei mittlerer Hitze in einer Pfanne trocken rösten (kein Öl), bis sie sichtbar glänzend sind (ca. 5 Minuten).

4. Das Öl in einer großen Pfanne, 1 Minute bei mittlerer Hitze erhitzen.

5. Zwiebeln hinzufügen; kochen, bis sie weich sind, ca. 5 Minuten.

6. Füge den Apfel, die Rosinen und einen Spritzer der Reiskochflüssigkeit hinzu.

7. Noch 5 Minuten kochen, bis die Äpfel durchscheinend sind.

8. Kombiniere den gekochten Reis, die Apfelmischung, die Mandeln, Salz und Pfeffer.

9. Auf Wunsch Olivenöl einrühren und mit Petersilie garniert servieren.

Ananas-Limetten-Reis

Zubereitungszeit: 20 Min

Schwierigkeitsgrad: leicht

Zutatenliste für 6 Portionen:

2 Esslöffel vegane Margarine, 500 g Reis (gekocht), 1 1/2 Esslöffel Limettensaft, 80 g gehackter frischer Koriander, 500 g Ananas, Prise Meersalz

Zubereitung:

1. Rühre die vegane Margarine in den heißen Reis, bis sie geschmolzen und vereint sind.

2. Füge die restlichen Zutaten hinzu und mische sie vorsichtig.

3. Probiere und füge eine Prise Salz hinzu, um abzuschmecken.

Wildreis-Gemüse-Pfannkuchen

Zubereitungszeit: 30 Min

Schwierigkeitsgrad: mittel

Zutatenliste für 6 Portionen:

100 g Wildreis, 100 g Julienne Karotten, 1 Tasse Julienne Sellerie, 1 Tasse Julienne weiße Zwiebel, 3 gehackte Schalotten, 2 Eier, 200 g Mehl, Salz und frisch gemahlener schwarzer Pfeffer, Olivenöl zum Braten

Zubereitung:

1. Koche den Wildreis in 2 Liter leicht gesalzenem Wasser, bis er sehr zart ist und die meisten Körner aufgebrochen sind (ca. 40 Minuten).

2. Abtropfen lassen, Flüssigkeit aufheben und den Reis abkühlen lassen, indem er auf einer Platte oder Pfanne verteilt wird.

3. Reis mit Karotten, Sellerie, Zwiebeln, Frühlingszwiebeln, Eiern und Mehl vermengen.

4. Mit Salz und Pfeffer würzen.

5. Mit ein paar Tropfen Reiskochflüssigkeit anfeuchten, damit die Mischung an sich selbst haften bleibt.

6. Erhitze 2 Esslöffel Olivenöl in einer beschichteten Pfanne bei mittlerer Hitze, bis ein Stück Zwiebel beim Hinzufügen brutzelt, ungefähr 2 Minuten.

7. Gib eine viertel Tasse Reismischung in die Pfanne.

8. Forme sie in grobe Pfannkuchen.

9. Kochen, ohne sie zu bewegen, bis sie auf der ersten Seite braun sind und sichtbar an den Rändern gekocht werden, ca. 5 Minuten.

10. Dreh die Pfannkuchen mit einem Spachtel und koche sie, bis sie leicht gebräunt sind.

Linguine mit Oliven, Kapern und Tomaten

Zubereitungszeit: 30 Min

Schwierigkeitsgrad: leicht

Zutatenliste für 6 Portionen:

2 Esslöffel Olivenöl, 1 Esslöffel gehackter Knoblauch, 100 g Oliven (entkernt), 1 Esslöffel kleine Kapern, Prise zerquetschte rote Pfefferflocken, 100 g grob gehackte italienische Petersilie, 500 g gehackte Tomaten, 500 ml Tomatensauce, Salz und Pfeffer, 500 g Linguine,

Zubereitung:

1. Erhitze das Olivenöl und den Knoblauch in einer großen Bratpfanne mit starkem Boden, bis es brutzelt.
2. Füge die Oliven, Kapern, Paprika-Flocken und Petersilie hinzu.
3. 2 Minuten kochen lassen
4. Füge die Tomaten hinzu.
5. Kochen, bis die Tomaten weich sind und eine grobe Sauce ergeben.
6. Die Tomatensauce dazugeben, abschmecken und zum Kochen bringen.
7. Füge die gekochten Linguine hinzu.
8. Kochen, bis es durchgeheizt ist.
9. Vom Herd nehmen, Würze anpassen.
10. Mit gehackter Petersilie bestreuen.

Gebackener mexikanischer Reisauflauf

Zubereitungszeit: 45 Min

Schwierigkeitsgrad: mittel

Zutatenliste für 4 Portionen:

500 g schwarze Bohnen, 800 ml Salsa, 2 Teelöffel Chilipulver, 1 Teelöffel Kreuzkümmel, 1/2 Tasse Maiskörner, 500 g Reis (gekocht),
100 g geriebener veganer Käse, 50 g geschnittene schwarze Oliven

Zubereitung:

1. Ofen auf 180 ° C vorheizen.

2. Kombiniere die Bohnen, Salsa, Chili-Pulver und Kreuzkümmel in einem großen Topf bei schwacher Hitze.

3. Teilweise Bohnen mit einer großen Gabel pürieren.

4. Vom Herd nehmen und Mais und Reis unterrühren.

5. In eine Auflaufform geben.

6. Mit veganem Käse und Olivenscheiben belegen und 20 Minuten backen.

Italienische weiße Bohnen und Reis

Zubereitungszeit: 25 Min

Schwierigkeitsgrad: leicht

Zutatenliste für 4 Portionen:

1/2 Zwiebel (gewürfelt), 2 Rippchen Sellerie (gewürfelt), 3 Knoblauchzehen (gehackt), 2 Esslöffel Olivenöl, 350 g zerkleinerte Tomaten, 500 g Cannellini-Bohnen (abgetropft), 1/2 TL Petersilie, 1/2 Teelöffel Basilikum, 500 g gekochter Reis, 1 Esslöffel Balsamico-Essig

Zubereitung:

1. Zwiebel, Sellerie und Knoblauch in Olivenöl 3–5 Minuten anbraten, bis Zwiebel und Sellerie weich sind.

2. Reduziere die Hitze auf eine mittlere Stufe und füge Tomaten, Bohnen, Petersilie und Basilikum hinzu.

3. Abdecken und 10 Minuten köcheln lassen, dabei gelegentlich umrühren.

4. Gekochten Reis und Balsamico-Essig einrühren und unbedeckt noch einige Minuten kochen, bis die Flüssigkeit absorbiert ist.

Kubanische schwarze Bohnen, Süßkartoffeln und Reis

Zubereitungszeit: 40 Min

Schwierigkeitsgrad: leicht

Zutatenliste für 6 Portionen:

3 Knoblauchzehen (gehackt), 2 große Süßkartoffeln (klein gehackt), 2 Esslöffel Olivenöl, 900 g schwarze Bohnen (abgetropft), 800 ml Gemüsebrühe,
1 Esslöffel Chilipulver, 1 Teelöffel Paprika, 1 Teelöffel Kreuzkümmel, 1 Esslöffel Limettensaft, Scharfe Soße nach Geschmack, 500 g Reis (gekocht)

Zubereitung:

1. In einer großen Pfanne oder einem Topf Knoblauch und Süßkartoffeln in Olivenöl 2-3 Minuten anbraten.

2. Reduziere die Hitze auf eine mittlere Stufe und füge Bohnen, Gemüsebrühe, Chilipulver, Paprika und Kreuzkümmel hinzu.

3. Zum Kochen bringen, zudecken und 25–30 Minuten kochen lassen, bis die Süßkartoffeln weich sind.

4. Limettensaft und scharfe Soße nach Belieben einrühren.

5. Heiß über Reis servieren.

Quinoa-Chutney-Salat

Zubereitungszeit: 30 Min

Schwierigkeitsgrad: leicht

Zutatenliste für 6 Portionen:

250 g Quinoa (15 Minuten gekocht, abtropfen lassen), 250 g gekauftes Tomaten-Chutney, 1⁄4 Teelöffel Salz, 1 Esslöffel Olivenöl extra

Zubereitung:

1. Kombiniere die gekochte Quinoa und Tomaten-Chutney.

2. Nach Geschmack würzen.

3. Mit Olivenöl bestreuen und mit zusätzlichem Olivenöl am Tisch servieren.

Zitronenquinoa-Gemüsesalat

Zubereitungszeit: 30 Min

Schwierigkeitsgrad: leicht

Zutatenliste für 4 Portionen:

900 ml Gemüsebrühe, 350 g Quinoa, 200 g tiefgefrorenes Gemüse (aufgetaut), 50 ml Zitronensaft, 50 ml Olivenöl, 1 Teelöffel Knoblauchpulver, 1⁄2 Teelöffel Meersalz, 1⁄4 TL schwarzer Pfeffer, 2 Esslöffel gehackte frische Petersilie

Zubereitung:

1. Gemüsebrühe in einem großen Topf zum Kochen bringen.

2. Quinoa zugeben, zudecken und 15 bis 20 Minuten köcheln lassen, dabei gelegentlich umrühren, bis die Flüssigkeit absorbiert und die Quinoa gekocht ist.

3. Füge gemischtes Gemüse hinzu und rühre um, um zu kombinieren.

4. Vom Herd nehmen und mit den restlichen Zutaten vermischen.

5. Heiß oder kalt servieren.

Einfache Knoblauchquinoa

Zubereitungszeit: 20 Min

Schwierigkeitsgrad: leicht

Zutatenliste für 6 Portionen:

1 Zwiebel (gewürfelt), 4 Knoblauchzehen (gehackt), 2 Esslöffel Olivenöl, 600 ml Gemüsebrühe, 400 g Quinoa, 1/2 TL Salz, 3 Esslöffel Hefe

Zubereitung:

1. In einer großen Pfanne Zwiebel und Knoblauch in Öl oder Margarine 3-4 Minuten erhitzen, bis die Zwiebeln weich sind.

2. Gemüsebrühe und Quinoa dazugeben, zudecken und zum Kochen bringen.

3. 15 Minuten kochen lassen, bis die Flüssigkeit absorbiert ist.

4. Quinoa mit einer Gabel auflockern und Salz und Hefe unterrühren.

Bulgur-Weizen-Tabouleh-Salat mit Tomaten

Zubereitungszeit: 45 Min

Schwierigkeitsgrad: leicht

Zutatenliste für 4 Portionen:

400 ml kochendes Wasser, 250 g Bulgurweizen, 3 Esslöffel Olivenöl, 50 ml Tasse Zitronensaft, 1 Teelöffel Knoblauchpulver, 1⁄2 Teelöffel Meersalz, 1⁄2 TL Pfeffer, 3 gehackte Schalotten, 100 g gehackte frische Minze, 100 g gehackte frische Petersilie, 3 große Tomaten (gewürfelt)

Zubereitung:

1. Gieße kochendes Wasser über den Bulgurweizen.

2. Abdecken und 30 Minuten ruhen lassen, oder bis der Bulgurweizen weich ist.

3. Bulgurweizen mit Olivenöl, Zitronensaft, Knoblauchpulver und Salz vermischen und gut umrühren.

4. Mit den restlichen Zutaten vermischen und zuletzt die Tomaten dazugeben.

5. Vor dem Servieren mindestens 1 Stunde abkühlen lassen.

Ägyptische Linsen und Reis

Zubereitungszeit: 40 Min

Schwierigkeitsgrad: mittel

Zutatenliste für 6 Portionen:

1 Esslöffel Olivenöl, 1⁄4 Teelöffel Kreuzkümmel, 1 mittelgroße Zwiebel (grob gehackt), 250 g Reis, 100 g Linsen, 2 Teelöffel Saft plus 1⁄2 Teelöffel Zitronenschale, 1 Teelöffel Salz, 700 ml Gemüsebrühe

Zubereitung:

1. Erhitze das Öl und die Kreuzkümmel in einem mittelgroßen Topf bei mittlerer Hitze, bis die Samen etwa 30 Sekunden lang duftend sind.

2. Füge die Zwiebel hinzu

3. Kochen, bis sie durchscheinend sind, ca. 5 Minuten.

4. Reis und Linsen untermischen und mit einem Holzlöffel gut überziehen.

5. Füge den Zitronensaft, die Schale, das Salz und die Brühe hinzu.

6. Decke es fest zu und lasse es etwa 20 Minuten köcheln, bis das gesamte Wasser aufgenommen ist.

7. Vom Herd nehmen und 5 Minuten ruhen lassen.

8. Dann mit einer Gabel aufschlagen und servieren.

Haftungsausschluss

Die Umsetzung aller enthaltenen Informationen, Anleitungen und Strategien dieses Buches erfolgt auf eigenes Risiko. Für etwaige Schäden jeglicher Art kann der Autor aus keinem Rechtsgrund eine Haftung übernehmen. Für Schäden materieller oder ideeller Art, die durch die Nutzung oder Nichtnutzung der Informationen bzw. durch die Nutzung fehlerhafter und/oder unvollständiger Informationen verursacht wurden, sind Haftungsansprüche gegen den Autor grundsätzlich ausgeschlossen. Ausgeschlossen sind daher auch jegliche Rechts- und Schadenersatzansprüche. Dieses Werk wurde mit größter Sorgfalt nach bestem Wissen und Gewissen erarbeitet und niedergeschrieben. Für die Aktualität, Vollständigkeit und Qualität der Informationen übernimmt der Autor jedoch keinerlei Gewähr. Auch können Druckfehler und Falschinformationen nicht vollständig ausgeschlossen werden. Für fehlerhafte Angaben vom Autor kann keine juristische Verantwortung sowie Haftung in irgendeiner Form übernommen werden.

Urheberrecht

1. Auflage

Kontakt: JT-Handels-UG/ Berumer Str. 44/ 26844 Jemgum